和田静香 取材協力 小川淳也

選挙活動、ビラ配りからやってみた。「香川1区」密着日記

左右社

選挙活動、ビラ配りからやってみた。「香川1区」密着日記

はじめに　民主主義をやりに来た　※ただしノープランで

『時給はいつも最低賃金、これって私のせいですか？　国会議員に聞いてみた。』という本を2021年8月末日に出したところ、思わぬほどの反響をいただき、あれよあれよという間に版を重ねた。日々目まぐるしく取材を引き受けている中で衆議院議員選挙が近づいてきて、

「2～3日、香川に小川（淳也）さんの選挙を見に行こうかぁ」

そう気楽に話しているうち、「10月31日が投開票日」と決まった途端、なぜか

「全日程行って、日記を書く」

と、仁王立ちして言っていた。やだ。マジか？

これまでも、選挙への関心はあった。「選挙に行こう」と呼びかける、「選挙ステッカー」という運動さえやったことがある（今はほぼほぼ友達に任せっきりだ）。でも、選挙そのものを、どんな風にどんな人が動かして進んでいるのか知らなかったので、それを見たら何か分かるのかもしれないと思った。本を一緒に作った「小川さんの選挙」がどん

な風なのか、興味津々だったし。

「思って」、さらに「津々」、ではあったけれど、その実、そうそう大して何か特別なことは期待せず、これといった問題意識も持たず、ただ「noteで日記を書こう」とだけ決め、どういう風に日記をアップしていくか編集部とろくに話し合いもせず、取材に追われる日々のままドタバタと飛行機に乗って高松へ行ってしまった。さすが私っ！

　それからしかし、さすがにあれこれ考えることになるわけだが、旅が始まったばかりのころ、映画『なぜ君は総理大臣になれないのか』の大島新監督と話をしていて、

「『時給はいつも最低賃金～』では民主主義を考えたから、今度は民主主義を実践しに来ました」

　と言っていた。どっからそんな言葉が出てきたのやら。摩訶不思議。

　そんなわけで、10月18日に高松に入り、11月2日に東京に戻るまでの日記＋あれこれ。民主主義を一緒に考えて本を作った衆議院議員・小川淳也さんの香川1区での選挙にくっついたり離れたりしながら、民主主義をやったり、見たりした記録です。

選挙活動、ビラ配りからやってみた。「香川1区」密着日記 | 目次

香川1区

区域

高松市（本庁管内、勝賀総合センター管内、山田支所管内、鶴尾・太田・木太・古高松・屋島・前田・川添・林・三谷・仏生山・一宮・多肥・川岡・円座・檀紙・女木・男木の各出張所管内）、小豆郡、香川郡

有権者数

313,296人

今回の投票率

57.52%

NHK「衆議院選挙2021 香川（高松・丸亀など）開票速報・選挙結果 小選挙区」より引用

10月18日（月）快晴

明日からいよいよ本場所（衆院選）！

高松に来ました。

今日、10月18日から31日まで、衆議院議員選挙が公示される前日から投票日まで高松に滞在して、選挙日記を書きます（注：その後、延長して11月2日まで書いた）。

そのために、朝、東京の家に起きて、歩いて駅まで行って電車乗ってバス乗って空港行って飛行機乗ってタクシー乗って、高松市内の「小川淳也選挙事務所」へと着きました。

コロナ禍が始まって、初めての旅……いや、嘘です。7月に大相撲・名古屋場所に日帰りで行って白鵬、見ました。最後の白鵬です。それ以来の旅で……とはいえ、飛行機に乗るのは本当にコロナ禍になってからは初めてで、飛行機の窓からはるか下の地面を見ながら、コロナの時代、もう飛行機に乗ることは二度とないんじゃないか？と思っていたのに、ああ、今、乗っているわぁと感慨深いものがありました。まぁ、コッペパンむしゃむしゃ食べてたんだけどね。

今日はそして、着いた途端にノンフィクション作家の中原一歩さんに誘われ、小川事務所にて、後援会のみなさまの前でトークイベントを開きました。中原さんは私が本を作っていたのとほぼ同じ時期にやはり小川さんに取材し、『本当に君は総理大臣になれないのか』（講談社現代新書）を書いて、6月に出版されていて、なんというか、私とは小川さんを介した姉妹本みたいな関係の著者同士というつながりです。今日初めてお会いしたのですが、初めてという気がしません。もう、最初から、ややや あ、やろっかね～みたいな気さくさで始まり、後からYouTubeで公開された動画を見たら私ったらゲラゲラ笑いどおしで、身体をぐらんぐらん揺らす落ち着きのなさ＋スカートはいてるのに足おっぴろげていて、ホテルの部屋の壁に頭ぶつけてますが、まぁ仕方ない。それが私。楽しくトークさせていただきました。

終盤には小川さんも登場。今回の選挙の争点は？と聞かれた小川さんが「自分が選択肢になります」と力強く宣言して、おおっ！と会場が沸いたり、私がいつも、「こんな記事が出た、こんな声がある」と小川さんにお知らせしているのが、「うるさくて、そろそろ

中原一歩さんとのトークイベント

ＬＩＮＥの通知切ろうかと思ってる」などと毒舌で冗談飛ばされたりしました。

それにしても飛行機にたった小一時間乗って降りた高松は、東京とは空気がガラリ変わります。タクシーに乗ったら運転手さんがナビを使いこなせないのもご愛敬。「じゃ、今、ちょっと電話で聞くから待っててね」みたいな感じ。一瞬イラッとした自分を、車窓の景色を見ながら恥じる。カリカリしてる自分が嫌になる。一呼吸、あたりまえに置く。そういう感じです。更年期で始終バクバクしてる動悸も、少し収まるかもしれません。

そして、到着した事務所で、地元の後援者である女性たちとワハハハ楽しそうに話をしている小川さんを見て、私が国会中継や、議員会館で対話していた姿とはまた違う表情というか雰囲気だなぁと思いました。なるほど、国会議員とは国会で国のために発言し、働きながらも、地元とのつながりというのが強く、地元の人たちに選ばれ、その代表となるんだなぁということを、なんか、そのワハハハで一瞬で実感したのです。

地域で民主主義を作るってこういうことなんだ

ここ最近ずっと、国会議員の地域とのつながり、地域性にはどういう意味があるのだろうか？ということを考えてきました。それは自分が以前に住んでいた東京8区・杉並区で巻き起こった、騒動がきっかけ。最終的には落ち着いた、あれ。そう、吉田はるみさんという立憲民主党の女性候補者や、共産党やれいわ新選組の「野党候補3人」がいたところへ、野党共闘の候補として山本太郎さんに一本化するという話がにわかに湧いて、杉並区民が「それはない！」と怒ってワイワイし、結果、山本さんが身を引かれ、最終的に吉田さんが野党共闘の候補者になった件です。

ツイッターを見ていると、全国の人たちにおなじみなのは、もちろん山本さん。だから、山本さんを統一候補にすべきだという声が圧倒的に多かったけれど、地元では、もう6年半も阿佐ヶ谷（杉並区）の駅前の雑居ビルにある小さな事務所を拠点に、いつも街に出て声をあげ、みんなと活動してきた吉田さんを支持する声が大きかった。もちろん山本さんを支持している方々も大勢いて、その人たちは動揺していた。

でも、最終的に吉田さんが立候補することが決まった。杉並区の支持者たちが、共に歩んできた吉田さんを国会に送り込もう、私たちの代表なんだと誇らしげにいるのが、阿

本にサインする私

佐ヶ谷での集会に行って、見て、ありありとよく分かった。そんな風に胸を張って、私たちの代表！と言える対象を持ち、その人に投票できるって、なんてすごいことだろう。杉並区で吉田さんと共に、市民運動をしてきた方々の、その年月と努力に敬意を表したい。民主主義を作るって、現場で共に汗してみんなで作るって、こういうことなんだなぁとしみじみ思った。

そして今日、事務所でワハハハしていた小川さんと女性たち。さらに、私の本に「サインしてください」なんて嬉しいことを言って並んでくださった方々が「もう18年、小川さんを応援してるんです」って口々に言い。私は「えっ？　じゃ、いちばん最初から？」と驚きの声をあげまくりで。みなさんがここで築いてきた民主主義にも、拍手を送りたいと思った。一回目の選挙。２００３年。小川さんは見事に落選した。でも、そのときからずっと一緒に、政治家を育て、政治を考え、参加してきた。すごい。そして今回も、小川さんを自分たちの代表として、国会へ送り込もうと奮闘している。

なるほど。これが国会議員の地域性の意義なのか。ふむ〜。すばらしい。

などと納得したところで、今日はおやすみなさい。明日からいよいよ本場所（衆議院議員選）が始まる。今日は本場所前日に行われる神事である「土俵祭」だったわけだ（相撲たとえ）。土俵祭では、土俵に鎮めものを埋め、行司さんがお祓いをする、って。してないけど、今日は。

オマケ

ここはうどん県。トークイベントが終わったら、中原さんが「うどん、食べへん？」などと誘うので、うかうかついて行き、うどん、さっそく食べてしもうたですわ。初日からうどんかよっ！　ほんと、もう〜。しかもお腹が空いていたから、うどんの写真撮り忘れました。食べ終わりの写真のみ。写メには慣れておりません。ついこのあいだ、ガラケーからスマホになったばかりです。

そして、高松の街はまだ私にはよそよそしいです。旅に来たときの初日はいつでも、どこでも、そうであるように。

同日午後2時

争点は自分中心で考えていい

対談　**中原一歩×和田静香**

小川淳也選挙事務所にて、『本当に君は総理大臣になれないのか』の著者・中原一歩さんとのトークイベント「公示前日 香川1区緊急リポート『今、何が起きているのか?』」を行いました。小川さんも客席から乱入し（?）、会場は公示直前の興奮に沸きました。

中原　われわれは同じ時期に小川淳也さんに取材して本を作った同士なんですが、実はさっき会ったばっかりなんですよ。

和田　そう。初めてお会いしました。

中原　でもツイッターのダイレクトメッセージでずっとやりとりしているので、初めて会った気がしないという。相撲ライターの和田さん向けに言うと、明日からいよいよ本場所ですね。

和田　そう。今日は土俵祭ですね（笑）。

香川1区と四国新聞

中原　和田さんは今回、どういう目的で香川1区に入られたんですか?

和田　小川さんに密着するっていうよりは選挙日記を書きにきました。だからみなさん全員が取材対象です。すみませんが、よろしくお願いします。

中原　怖いですよ〜。和田さんは何でも書いてしまう人として有名ですから。

和田　みなさんがうっかりやっちゃったことも、全部書いてしまいます。何もかもがネタだと思ってるんで（笑）。

中原　それは僕も一緒です。

和田　どうですか？　高松は。

中原　全国いろんな地域に取材に行きますけど、高松というか香川1区の何が違うかっていうと、こんなに街中にポスターが貼られていないところは本当に珍しい。

和田　小川さんのポスター一枚も貼ってなくて、大丈夫かいって思った（笑）。

中原　小川さんだけじゃなくて、平井さん（※1）のポスターもないんですよ。あと、平井さんの街頭演説は見たことがない。どこの地域でも、駅の北口と南口で対立候補が演説してたり、選挙前になると「いよいよだな」っていう高揚感があるんですけど、香川1区ではそれを感じないんです。

和田　なんでですか？

中原　「誰々を支持してます」って主張しにくいんですよ。「王国」だから。王国的な地域はほかにもありますけど、候補者の親族がシェア率ナンバーワンの地元紙のオーナーだっていうケースはあんまり類例がないです。新聞って基本的に両論併記ですけど、それがない。平井さんは前デジタル大臣として、さまざまな不祥事を起こしてこられたわけですね。たとえば、東京五輪のアプリ発注に関して、受注企業への恫喝をするなど。ところが地元にはそれを知らない人がいっぱいいるわけです。もちろん編集権はそれぞれのメディアにあるにしても、なかなか歪《いびつ》だなと感じますね。

和田　怖いですね。ファンクラブの会報紙みたいになってるんだ。

中原　ところが今は全国的に注目されてるじゃないですか。今までももちろん選挙のたびにそれなりに注目されてたと思いますけど、今回はちょっと違う。一説によると、プチ鹿島さん（※2）は四国新聞を定期購読してるそうですし（笑）。

和田　そうそう。鹿島さんが「文春オンライン」に四国新聞について書いてるおかげで、フェイクニュースの宝箱みたいに注目を集めちゃってますよね（笑）。

中原　四国新聞にも今や全国の人の目が集まってるんですよ。そう考えると、なかなか今までのようにはいかないんじゃないかなっていう気もします。

和田　私、そういう新聞社で働いてる人のこと知りたいです。真っ当な記事を書いてもデスクに書き換えられちゃったり、「こんなこと書かなきゃいけないなんてやだな」って思ってる人もいるのかもしれない。あと、政治以外の紙面を作ってる人たちは「政治部がこういう記事ばっかり出して、うちの記事までフェイクだと思われるのやだな」とか、いろんな思いがあるんじゃないか。想像すると、ちょっと苦しくなりますよね。

中原　そうですね。我々も当然、批判はするんですけど、何をもって批判するかっていったら事実なわけですよ。その事実を担保するのは取材ですから。それをしないで書いちゃうっていうのは、ちょっとね。

和田　もともとジャーナリストを志していたはずの人が、いくら会社の命令だからって、取材もしないでウソを書かなきゃいけないって、どういう気持ちなのか。私は絶対ウソは書けないんですよ。苦しくて、いても立ってもいられなくなる。

中原　僕らはフリーランスだから、「こういて書け」と言われたら「いやだ」と抵抗するだけですけど、大きな組織のなかで取材をしてるとそうはいかない。

争点は「生活で大切にしたいこと」

中原　和田さんにとってこの選挙の争点は何ですか?

和田　住宅政策。私にとっては、家を借りるって大問題なんですね。いつもいつも借りられなくて、不動産屋に行くとバカにされて追い返される。そういうのが本っ当につらかった。今回、各党が住宅政策を出してますけど、そんなことって過去にたぶんないんですよ。初めて出してきたから、私にとってはそれが争点。それでいいと思うんですよね。それぞれの人の生活のなかで大切にしたいことが争点みたいな。

中原　僕も本当にその気持ちはよく分かります。不動産屋に行って職業欄に「ライター」って書いたら借りられないんですよ。「帰れ帰れ！」って（笑）。

和田　中原さんほどの人でも？

中原　今は多少ましになりましたけど、カチンときて自分の著作を持って行って叩きつけたこともあるぐらい。「いつ仕事がなくなるかわからないから部屋は貸せない」って、そのときは2軒蹴られました。

和田　それでも男性だからまだいいんですよ。女で、50代で、ひとりなんて言ったら、もう信用ゼロ。私はたまたまそこにいた外国人の男性2人と並べられて「あなたたちはダメだ」みたいなことを言われ、みんなでうなだれました。

中原　今後はこの本を出してください。あと新聞広告（笑）。不動産屋ってそういうのに弱いから。

和田　（笑）。ところで、中原さんの争点は何ですか？

中原　僕の争点は……東日本大震災のときも思ったんですけど、政府が冗談みたいなことやるでしょ？　今回でいえばマスクを配ったり。危機に際して政治は何をしてくれたのか、そのことを忘れてはいけないとすごく感じてます。

和田　これからのことはいっぱいニュースでもやるけど、これまでの振り返りは全然やってくれないですもんね。お肉券とかお魚券とか、バッカじゃねえのかって。

中原　選挙が近づくと急に「給付金配ります」とかね。政権与党のくせに、できるんやったらなんで今までやらへんねんと。

和田　私、生活困窮者支援のお手伝いをたまにしてるんですけど、政府は1円たりとも援助してくれないんですよ。ずっと、全部みんなの寄付金で賄ってます。ふざけんなと。いろんな政治家が視察に来るんですけど、見て帰るだけじゃなくて金出してくれよ、っていつも思います。

中原　取材現場に行くと、みんな本当に食えないし、明日もない状態で。コロナが免罪符みたいに使われるけど、実はずっと前から同じなんですよね。僕らはいったい何年声を上げればいいんだと。その現場で交わされてる会話と、永田町の国会中継が乖離してるどころか、もう別世界。政治にリアリズムがないことをすごく感じてます。

和田　政治家の人たちの言葉が、本当に空疎に響きますよね。

中原　政権公約とか未来のことも大事だけども、「あのときこうだったよね」って思い出すのが重要だと思いました。

やっぱり国民の半分の投票でこの社会が決められていってるのが、ひとことで言ってしんどいんですよ。この閉塞感というのは何なのかと。時給はいつも最低賃金ですよ。けど僕らの商売ってページいくらで、取材の経費は全部持ち出しじゃないですか。後からもらったギャラを割ると……。

和田　時給２００円とかですよね（笑）。

中原　我々の印税が上がったことなんて一度もないですよね、この20年。

和田　ないですねぇ。下がるだけ。

中原　アベノミクスで我々の原稿料は上がらなかった。そういうところはほかにもいっぱいあると思いますし、今回は政権選択選挙なんで、これまでの政治が何だったのかを考えなきゃいけないですね。

和田　政権交代してほしいです。

本場所に向けて

中原　せっかくなんで会場にいる小川さんにひとこともらいましょうか。

和田　いろいろ勝手なことを言いました。

小川　とんでもない、面白かったです。ありがとうございました。やっぱり腕一本で食べていらっしゃるお二人はすごいですし、そのお二人に1年間、同時に、全部解体されてきた私のいたたまれなさを、ぜひ想像していただきたいです（笑）。

中原　容赦なかったですよね。

和田　えーっ！　私、容赦なくないですよ！　優しいですよね？

小川　優しく、かつトゲがある。あと僕のいとこのおばちゃんに似てるんですよ。

和田　いつもそれを言う（笑）。

小川　おばちゃんが若いときにすごく似てて、親しみを持ちながら話してたんですけど、突っ込みは鋭かったですよね。ひとりでも多くの方に読んでいただいて、気持ちの救いになることを願ってます。

和田　政治に関心を持ってほしいから、ひとりでも多くの人に読んでもらいたいです。

小川　和田さんはいろいろ頑張ってらっしゃるから、いろんな反応をいっぱい受け取るんですよ。それを僕にいちいち伝えてくれるんですよね。小川さん、今日はこの人がこう言った、あの人がああで、今度はこういう取材で……って、もう、うるさくてうるさくて（笑）。そろそろＬＩＮＥの通知をオフにしようかなと思ってるところなんです。

和田　ハハハハ。

小川　最後、争点の話になったでしょ。これまで僕は「選択肢を作りたい」と思ってやってきましたが、すごく大それたことを言うのを許していただきたいんですけど、僕が選択肢になる！　それを争点に戦っていきたいと思います（会場拍手）。

中原　すごい。明日から本場所が始まりますんで、今日はゆっくり休んでください。今日はみなさん、本当にありがとうございました。

和田　ありがとうございました。

小川　最後、ひとことだけ。和田さんに取材されたら、調理していただくにはまたとない板前さんなので、ぜひ応じてあげてください。と同時に、和田さんは取材とかのんきなこと言ってないで、電話かけに来たんでしょ？

和田　そうですそうです。やります。

小川　それもぜひよろしくお願いします。

中原　電話かけするんですか？

和田　します。チラシも撒きまくります。

中原　ビラですね（笑）。それをまた本のネタにする。そのために来たんですからね。

※1＝香川1区候補者の平井卓也氏。自民党所属、元デジタル大臣内閣府特命担当大臣。弟が四国新聞の代表取締役CEO、母が社主を務める。自らも元・西日本放送代表取締役社長。

※2＝時事ネタを得意とするタレント・コラムニスト。今回の選挙ではラッパーのダースレイダー氏と香川1区の取材を行った。

構成：高岡洋詞

10月19日(火)晴れ

相撲ライターなのに出陣式でスピーチ!?

●小川淳也本日のスケジュール

時間	内容	備考
9:00〜9:30	出陣式	事務所
9:45〜10:15	自転車街宣	事務所 〜 ゆめタウン高松
⬇	街宣	紫雲中・高松第一中
12:00〜12:30	街頭演説	高松三越
12:30〜13:00	商店街街宣	高松三越 〜 北京
⬇	街宣	桜町中
14:00〜14:30	昼食	事務所
⬇	街宣	一宮中 香東中 鶴尾中
18:00〜18:30	街頭演説	丸亀町グリーン
18:30〜19:00	街頭演説	琴電瓦町駅
⬇	街宣	玉藻中
20:00	終了	事務所
20:00〜21:00	YouTube生配信	事務所

※当日予定が変更された場合もあります

いよいよ衆議院議員選挙が公示された。

朝9時から出陣式なるものが小川選挙事務所で行われるというので、緊張のままタクシーで現場へ。

「なんで、あんたが緊張してるん？　思い込み、激しいんとちゃうか？」

って、また自分ツッコミしたいのですが。ええっと……実は、日曜日の午後に小川さんの秘書の八代田京子さんから「今ごろになって言うなんて、ごめんなさいね」って電話がかかってきて、出陣式で挨拶をしてほしいと頼まれてましてぇ。

　マジか？

出陣式って、アレですよね？　映画『なぜ君は総理大臣になれないのか』で見た、慶應義塾大学教授の井手英策先生がすんばらしいスピーチをして、小川さんが号泣し、全観客も泣いたアレですよね？　アレを私が？　この私が？

意外すぎる展開に実は日曜日からずっとドキドキ緊張しており、今朝はそれもＭＡＸ。

しかし、ホテルの朝食は納豆、サバの塩焼き、ウインナー等しっかりたいらげ、味噌汁も飲み、いざゆかん、会場へ。

看板を覆っていた紙をはがす作業

　着いたら、すぐにスタッフの方に見つけられ「和田さん、こちらへ」と仰々しい「来賓の印」を胸に付けられ、ドヒャアア。なんじゃ、こりゃあああ！と胸の花を何度も無意味に触り。うろたえ。おののき。それでも写真など撮ってもらい。

　すると井手先生発見！　発見するやいなや、「私が本を書けたのは井手先生のおかげです。

いちばん最初のころに井手先生の本を読んで、おぼろげながらも財政や社会の仕組みを理解したことで、質問を組み立て、小川さんと話すことができました」と、緊張してる割には言うことはしっかりと言い。ああ、やっとお礼を言うことができてよかったなどと少し安心したりもしていました。

そして、いよいよ出陣式。1年半前。映画『なぜ君』を初めて見たとき、よもや自分がここに並ぶことになろうとは微塵も思っていなかった。人生ってほんと〜〜〜〜っに、何が起こるか分からない。めちゃくちゃ実感している。だから言いたい。明日をあまり思い煩わないで、と。私もずっとずっと泣いてばかりの人生56年だったけど、思いもかけないことが起こっている、なう。絶望してあきらめて、下を向いたまま、時に転び、起き上がれず、それでも立ち上がり、ヨタヨタと歩いてきた先が、今だ。なんで、よろしゅう願います。明日は分からない。もちろん、よくも悪くも。だから、一日一番（相撲たとえ）。今日を生きよう。なんとかなる、なんとかなる。人間だもの。

とか、心でひとり「みつを」ってる間に来賓の方々の挨拶が続き、井手先生が登場。こ

れが再びすばらしかった、というか。えっ?という発言が。

「2020年3月、一本のDVDが届きました。みなさんお分かりですね、小川淳也さんが出てらした映画です。『(井手)先生の映像を使いたいんで、見てください』と言われました。(中略) そのビデオが届く10カ月前、認知症を抱えていた僕の母と叔母、ふたりが火の不始末で火事を起こし、死んでしまいました。姉夫婦が同居をしていて、大丈夫だと思っていました。毎月、仕送りもしていました。しかし、最後、ふたりは焼け死んでしまいました」

会場は井手先生の突然の告白にえっ?となり、そこからみんな固唾を飲んで見守り、話に聞き入りました。

「僕が仕事を辞めて、実家に帰ってずっと側にいればよかったんでしょうか。あるいは、退職した後も将来が不安で、非正規雇用で働いていた姉が仕事を辞めてずっと側にいればよかったんでしょうか」

「違いますよね? 何かがおかしい」

「こんな世の中は何かが壊れてる!」

「こんな社会を作ったのは誰でしょう? 自民党? 違う! 違う違う違う! 私たちだ! その責任は政治家だけじゃない! みなさんにある! 僕にある!」

「僕は今日小川淳也さんの応援に来たんじゃない。僕は今日、みなさんの応援に来ました」

「香川1区の勝ち負けじゃない！　日本の勝ち負けを決める選挙なんだ！」
「新しい社会を作り、人間をボロ雑巾のように粗末に扱う社会を変えなきゃいけない！」

井手先生の絶叫のようなスピーチ。私はすぐ横で聞いていて震えがきた。とてつもない共感と、そして私たちに課せられた覚悟。すごいすごいすごい。生・井手先生はとてつもなく、すごかった。ほんとに。私は泣きそうになり、うろたえ、いやもう、直後に自分のスピーチの順番が回ってくるという、「地獄か？」な展開に、頭ん中は真っ白。それでもマイクを手渡され、冒頭で「井手先生のすばらしいスピーチの後に何を言ったらいいのか分かりません」と言って、本当に何を言ったらいいのか分からなくなり、実際ほぼ何を話したのかも覚えていない。すみません。

でもスピーチが終わった後に井手先生と、2021年12月24日には公開予定だという映画『香川1区』の撮影のために訪れている『なぜ君』の大島監督が、「和田さんが言った『私が今ここにいることは、小川さんが誰ひとり見捨てない、一緒に歩んでいく政治家であることの証です』というのは良かった。そのとおりです」と言ってくださって、ホッ。

そう。本を一緒に作りたいと訪ねながら、「何が分からないかも分かりません」と言い放った私を小川さんは見捨てることなく、対話が始まった。私は本を書き、そして今日、ここに立った。そのことが、何よりも小川さんの政治家としてのあり方を証明してると、あら、私、意外といいこと言ったんですよ、エエ（うぬぼれ）。

その後、小川さんのスピーチがあり、出陣式は終了。それにしても小川さんのお辞儀は深々で、しみじみ、お辞儀が似合うなぁ。

ここがヘンだよ！　公職選挙法

小川さんが街宣（街頭宣伝）に自転車で出かけると、さぁ、事務所では「街宣や街頭演説で配るチラシ（選挙ビラ）に証紙を貼る」という大作業の始まりです。

って。「証紙って何？」ですよね？　知らないですよね？　そもそもチラシになんで、そんなの貼るの？　ほんと、不思議で謎な公職選挙法。実は公示後には、演説が行われている場所か選挙事務所でしか、候補者の名前や写真が入ったチラシって撒いちゃいけないんですよ。変でしょう？　なんでこんな法律がまかりとおってるんだろ？　不思議でなりません。

その名前と写真入りのチラシには「証紙」っていうシールを貼りつけなければいけない。今どきシールって、何ぃいいい？なのですが、小川事務所ではその数11万枚！

ご覧のように証紙は小さく、それを枠内に貼る作業は超面倒。私もちょっとやったけど、慣れないのでノロい。小川さんのお母さんである小川絹代さん（映画にも登場していた！）に「シールの台紙をこう折ると早いわよ」と教えてもらい、「あ、そのやり方、私がバイトしていたオニギリ屋でも、オニギリの具のシールを貼るときにやってたやり方です！」と思い出し、そこから、仕事やお金の話をしみじみとしながら、お母さんと並んでシール貼り。「お金がないって、お腹の真ん中あたりが冷えて重くて落ち着かないですよね」と頷き合って、私の午前の部は終了した。

しかし、その地道な作業、午後になってから数えてみたら60人以上が参加していた。ワイワイと熱気を込めてやっていて、街宣から戻ってきた小川さんに「こんなに大勢の人が小川さんのためにやってるって、すごくないですか？」と言ったら、「いや、僕のためだけじゃない。日本の未来のためだ」と選挙初日の熱気を思いっきりはらんだ口調で熱く

選挙ビラに貼る「証紙」

小川選挙事務所に貼られた「為書き」

語って、ふだんの私なら「なんや、それ」などとチャチャ入れてしまいそうだけど、そういう熱気は確かにその場に濃厚に充ちていた。選挙初日、平日の昼間だってのに人々が集い、ガシガシとシールを貼りまくる。選挙ってなんか、すごい。いよいよ祭りが始まった、と感じた。11万枚は、夕方前にはすべて貼り終え、千枚ずつまとめられたチラシがきれいに並べられていた。

ところで、小川さんの選挙事務所は、日ごろ使っている香川事務所のすぐ側にあります（ということを来て知りました）。

選挙事務所って、見たことあります？ なんか、こう、入りづらいんですよね。それを最も演出しているのが、壁にズラ

ガラス一面に青い鳥が飛ぶ選挙事務所

ズラっと貼られた「為書き」なるもの。

いつから、誰が始めたのでしょうか？これもまた選挙の謎。

「為小川淳也殿」と書いた、推薦状みたいなもの？　いや、いいんですよ、いいんですけど、なんじゃこれ？です。私からすると。これがズラズラと壁一面に貼られていると、選挙事務所って、なんか、こう、私らとは別世界で、威圧的で、近寄りがたい、そう感じる。入ったら二度と出られないんじゃないか？　怖い人が待ち構えているんじゃないか？　そんな勘違いをしたくなるというか。

小川さんの選挙事務所では、その為書きは奥の壁一面に貼られている。一方で入口の目立つガラス一面には画用紙を切り取った青い鳥が飛び、スピーチなどす

壁にはインスタに寄せられた言葉がたくさん

る正面の壁にはインスタに寄せられた言葉がカラフルに貼られ。なんだかとても明るくなっている。とはいえ、すごく正直に言うと、私にはそれらは少しこそばゆい。キラキラとドリーミーな意匠は照れ臭い。そういう性格だから、仕方ない。ごめんなさい。

でも、奥の壁には為書き的昭和な世界があり。そこへ正面の壁に貼られたインスタ的21世紀のセンスが混ざり合い、あぁ、昭和な私ものんびり居られる空気感よ、ありがたい。為書き、けなしながらも、こうなると、昭和人に居場所をくれるというかなんというか。絶妙なるミクスチャー。選挙事務所は老いも若きも安心して集える場所になっております。

オマケ

さて、今日、美味しかったのは、事務所にあった菓子パン。どなたかからの差し入れなのだろうか？　たぶん、ひとり1個のところ、こっそり2個もらう。すみません。1個はスピーチしたご褒美ってことで！　これまた昭和っぽい味で、おいしゅうございました。生き返ります。

そして夜になり、ホテルから買い出しに出たら、小川さんの街頭演説が始まるところだった。私は自前のジャンパーがたまたま立憲民主党ジャンパーの色と同じで（青色）、たちまちスタッフに紛れ込んで演説をじっくり聞いていた。高松はそんな街です、なう。

10月20日（水）晴れ

「選挙の主役は有権者だ」ってもっと伝えてほしい

●小川淳也本日のスケジュール

時間	内容	備考
8：00〜8：30	朝街頭	郷東マクドナルド
⬇	街宣	勝賀中・下笠居中
11：00〜11：30	街頭演説	マルナカ円座店
11：30〜12：00	自転車街宣	マルナカ円座店 〜 JRA前
⬇	街宣	太田中
13：00〜13：30	街頭演説 （岡田克也さん）	高松三越前
13：30〜14：00	商店街街宣	高松三越前 〜 丸亀町グリーン
14：00〜14：30	街頭演説	丸亀町グリーン
⬇	街宣	（太田中）・龍雲中
16：00〜16：30	街頭演説	ムーミー川島店
⬇	街宣	山田中・協和中
20：00	終了	事務所

寒いじゃないか。寒いよ。

「まだまだ高松あたりはけっこう暑いんじゃないか？」と高をくくってあんまり厚い服は持ってこなかった。が、寒い。寒すぎる。吹きつける風が、まんま冬だ。

仕方がない。寒い寒いと震えていても風邪を引くだけなので、ホテル近所の雑貨屋さんで、洗濯機でジャンジャン洗えるカーディガンを購入。若い女性が働いてそうなお店だったけど、さすが高松！なのか？　けっこう年配のおじさんがかわいいエプロンをして働いていて、丁寧にカーディガンをたたんで「はい、どうぞ」って、渡してくれた。それを乱暴に、100均で買い物したレジ袋につっこむ、デリカシーのない私。ごめんなさい。

その高松市内の中心街は碁盤の目のように縦横に道が伸び、長いアーケード商店街が何本かある。今日はそこをてくてく歩いて、午前中まずは「本屋ルヌガンガ」さんへ行った。実はここで私の選書フェアをずっとやってくださっている。ツイッターのDMではお話していても、実際にお会いするのは初めてだ。どきどき。

本屋ルヌガンガさん

お店はアーケードの脇にあった。

こんにちは。わ〜〜。入ると、とても素敵な本屋だとすぐ分かる。落ち着いた店内。優しい店主夫妻が選んだ、棚に並ぶ一冊一冊の本に、こだわりがうかがえる。静かにジャズが流れ、テーブルが2つに椅子が6脚。お茶も飲めるようになっている。そこでは小さな子が、何やら勉強をしていたり、常連客さんがコーヒーを飲んでる。

私の本や選書した棚もすぐ見つかり、嬉しい！　自分の選んだ本が本屋さんに並んで売

られているなんて。もしかして本屋さんでバイトでもしていたら可能だったかもしれないけど、そうじゃない、ライターとしての私が選んだ本を並べて売ってくれるなんて、こんなに嬉しいことがあるだろうか。人生には驚くことがまだまだ起こるのだ。

そして、店内にはのんびりした時間が流れている。まったりと優しい空気。美味しいミルクティーをいただき、そのまま相席した女性とおしゃべりして1時間。すっかりくつろいでしまった。いいね、本屋さんって。

「……と、和田さん、あなた、選挙は？　選挙はどうしたんですか？　小川事務所に行かないんですか？」

ああ、そうですよねぇ。ええ。そうなんですよねぇ。ふ〜っ。

「何がふ〜ってですか？　これ、選挙日記ですよね？」

そう、そうなんですけどねぇ。なんか、今日、朝から疲れちゃったんですよ。疲れちゃって、それで、小川さんの予定ってのを見たら、ホテルの近くでお昼の13時から、立憲民主党の岡田克也さんがゲストに来て、2

人で街頭演説をするってあったから、まぁ、そこから行けばいいかな？　人生そうそう急いだっていいことないよって、決めたわけです。

「なんすか、それ？」

ほら。だって、ムリして怪我でもして、休場するよりいいでしょう？

「初日、二日目は、まだまだ本調子にはなれないんでぇ、ゆっくりいこうって思ってるっす」（↑おすもうさんっぽい口調でお読みください）

戦闘モードの選挙報道にギモン

そんなわけで、「美味しいお茶、ごちそうさまでした」とお店を辞してから、街頭演説の行われる「三越前」に、再びアーケード街をてくてく歩くこと10分。着くと今日も、昨日に続いてテレビカメラや取材陣がギッシリ。さすが注目の選挙区「香川1区」。しかも今日は岡田さんという2012年・野田改造内閣時の副総理でもあった大物政治家も応援に来ていて、「それもあってテレビです」と、声をかけたテレビ局の人が言っていた。さらに、すでに名刺を交わして顔見知りになった方々もいらして、「こんにちはぁ」と挨拶する。

そうした記者陣の中には、「四国新聞」と腕章を付けた方がいて、やはりビデオを回していた。

ええ、そうです、四国新聞です。どちらかというと、いや、どちらか言わなくても、日ごろから小川さんへは塩対応の記事が多い。時事芸人として、数々のメディアにてニュース批評などされているプチ鹿島さんが「購読して」、「『文春オンライン』で記事化している」ことで（?）日本中で有名になった、おなじみの四国新聞。「いいのか、そんな有名になりっぷりで?」と疑問に思う人も多いかもしれないけど、ホテル近所のコンビニに行けば、新聞販売ラックの、その半分が四国新聞で、それに追いやられるようにして朝日とか毎日とかスポーツ新聞とか私にはおなじみの新聞が窮屈そうに並んでいる。地元

でのシェアは、ナンバーワン。四国新聞は香川県では絶対的なんだと実感する。せっかくなので、私も買った。

実は昨日（選挙初日）、私は四国新聞の、別の記者の方に声をかけていた。いきなり「四国新聞の方ですか？」と近寄り、名刺を渡した。記者の方の名刺を頂くことはできなかったけれど、お名前は教えてくれた。そして私のこともご存知だったし、着いた日に私と中原一歩さんがやったトークイベントの動画も見てくれたと言っていた（ということは、私が四国新聞について話したことを聞いてくれていたんだ）。決して感じの悪い方なんかじゃない。いや、どちらかというと、とても実直な、感じのいい人に思えた。朝、挨拶をし、その後も、今日もその方はビデオカメラからは少し離れた場所にいらして、その度に私が「こんにちは」と声をかけると、戸惑った風に少し首を傾けて挨拶を返してくれる。たぶん、どうしたらいいものかとお困りだろう。ごめんなさい。熱心に街頭演説のメモを取っていらして、ノートにはぎっしり書き込みが見えた。

とはいえ、熱心にノートさえとれば、あとはどんな記事になろうといいのか？　もちろん、そんなことは決してない。たとえば今日の四国新聞の一面の見出しは「政権選択問い激突」だ。もう一紙買ってきた朝日新聞の一面の見出しは「コロナ・格差・多様性、問う」だった。共に「問い」ながらも、四国新聞は主語が政党側で、おもいきり戦闘モード。朝日新聞は主語が有権者で、選挙にあたって考えている姿が浮かぶと思った。

私は選挙にありがちな、戦いモードが苦手だ。もちろん、選挙は勝敗を決めるのだから、戦いではあるのだろうが、ことさらに候補者がそれをアピールしたり、周囲が煽るのを見ると、引いてしまう。選挙は候補者のものであるけれど、それ以上に選挙は私たち有権者のものでしょう？　候補者たちの中から誰に投票するかを選ぶとき、私たちの心の中で「問う」ことはあっても、「戦い」はないはず。そう思っている。そういう一点だけ取り出しても、四国新聞の報道姿勢には、私的にも疑問を呈したくなる。そもそも、親族である平井卓也さんは上げ、そのライバルである小川さんは下げるのがあからさまだとも何度も聞く。でも、だからこそ、記者さんには、ファイトです！と背中を勝手に押したい。押されても困るだろうけど、迷惑間違いなしだろうけど、それでも心で私は押し続けたい。罵るより、押したいと思っている。だって、私、相撲好きだし。どすこいっ！

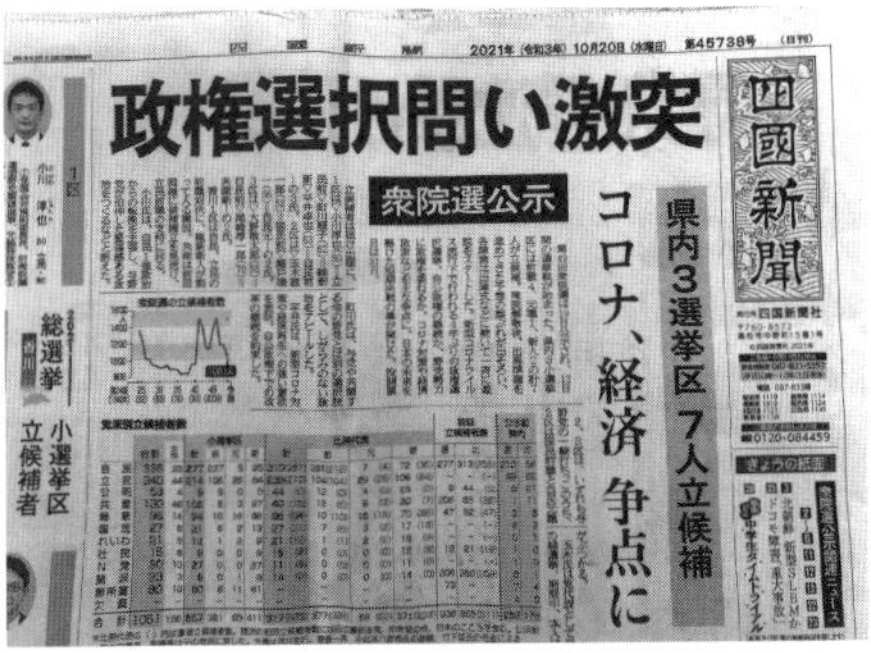
四國新聞
政権選択問い激突
衆院選公示
コロナ、経済 争点に
県内3選挙区 7人立候補
総選挙
小選挙区立候補者

四国新聞　2021年10月20日　1面

　それにしても選挙報道って何を伝えるんだろう？　何を伝えるべきなんだろう？　今日、小川さんと岡田さんが三越前での演説の後、高松の街中を練り歩き、岡田さんがギクシャクした様子で、でも自分から率先してチラ

岡田克也さんを囲む報道陣

シ撒きをしているのを「慣れないことをがんばってやるおじさんって、ほほえましいって思われがちよね」と、目を細めて見つめていたのだが、そんな岡田さんに大勢の記者が集って話を聞いていた。こういうのが選挙報道のあるべき姿なの？　何を聞いてるの？

でも、歩きながらちょっと話をした全国紙の新聞記者の男性に、選挙報道って何を伝えるんですか？と聞いたら、候補者の言葉云々の前に「みなさんがどう考え、求めているのかを聞きたい」と、有権者主体の報道を言っていた。うん、うん。そうあるべきだと思う。小川さんも演説中、自分の言葉を伝えるのも大事だけど、みなさんの言葉を聞きたいと言って実際にそうしている。

選挙は私たちが主役だってこと、ここに来て、改めて感じている。報道も、そのことをもっともっと伝えてほしい。

　ところで、今日は次世代の選挙の主役である女子高校生たちに出会った。3人組。1年生。テスト期間中で、早めに学校が終わったから、小川さんを見に来たんだという。ええっ？　なんで小川さん知ってるの？と聞いたら、インスタのストーリーだという。ああ、あれか。写真家・中川正子さんが撮る写真がすばらしいものね。うん、うん。しかし、

SNSってすごいね。インスタのストーリーって、すごい伝播力なんだね。もしかして、新聞より、伝える力があったりして？

　彼女たちに「小川さんのこと、どう思う？」って聞いたら「かっこいい」「50歳には見えない」「30代に見える」「今は小川さん、一択」とか言うから、きみたち、その人生でいいのか？などと問うてしまった。問うたが、生・小川さんを目の前にし、彼女たちは興奮して、キャアキャアのエネルギーを放ちまくる。圧倒される。そこで、3人＋小川さんの写真を撮ってさしあげた。学校で、あれ、みんなに見せたりするのかな？　理由はどうであれ、政治家について選挙について、街頭演説ってものが

あるってこと、学校で高校1年生がキャアキャアしながら話をしたりするのは面白いなぁと想像する。政治が身近に、選挙が楽しいものに感じられたら、すごくいい。それって、すばらしい第一歩だ。彼女たちも2年後には有権者となる。有権者は、選挙権を持つ18歳以上の人。一方で、主権者とは、憲法に「主権が国民に存する」と書かれているとおり、国民全員を指す。

オマケ

今夜は「おふくろ」というお店で美味しいものを腹いっぱい食べたのだが、ガッつきすぎていて、写真を撮るのを忘れた。巨大な美味しいお味噌汁の写真を撮るべきだった。あぁっ！　高松に美味しいご飯あり。リベンジしますっ！　↑って、自分が戦闘モードじゃん。ダメじゃん。

（注：今日は事務所にも行かず。ダラけたわけです）

10月21日（木） 晴れ（ただし風が強い）

アナログな「ドブ板選挙」ってそんなに大事？

●小川淳也本日のスケジュール

時間	内容	備考
7：20		高松港
⬇	フェリー	
8：20		土庄港
8：20〜8：40	第一声	土庄港
8：40	午前遊説出発	
⬇	辻立ち（交差点などでの挨拶・演説）	渕崎交差点
	辻立ち	平木交差点
12：00〜12：20	街頭演説	オリーブタウン
12：30〜12：50	街頭演説	マルナカ土庄店
13：00〜13：30	昼食	土庄事務所
13：30	午後遊説出発	
⬇	休憩	
	辻立ち	安田交差点
16：30〜16：50	街頭演説	マルナカ内海店
18：00〜19：00	個人演説会	JA内海
土庄港に向かって移動		
20：10		土庄港
⬇	フェリー	
21：20		高松港

一路、島へ。

ホテルを出て、トコトコ歩いて、琴電という2両しかない、町中をゴトゴト走っている可愛い電車に乗り、高松港まで。フェリー乗り場を見つけると700円の片道切符を買った。そこから1時間。小豆島に向かった。

小豆島と聞いて思い出すのは壺井栄原作の、戦争のもたらす悲劇を描いた『二十四の瞳』。映画や

ドラマで見た。そして、オリーブ。正直、その2つのことしか知らなかった小豆島だけど、小川さんが今日は一日、小豆島で活動するというので「みっちり追いかけたろ」と向かったのだ。とはいえ、小川さんご一行は、私が船に乗った午前10時より、3時間も前に小豆島に入って様々な遊説（政治家が各地を演説して回ること）や、辻立ち（道端で演説すること）などしている。選挙の朝は早い。早すぎてムリ。

私はひとり、のんびり船に乗った。乗りながら、ああ、そうか、海というものがあったんだ、島へ行くということもあるんだ、そう思った。コロナ禍でずっと都内の部屋に閉じ込められていて、あるはずのものがまったく見えなくなっていたから。そして、点々とあちこちにある島々を見て、そうか、ここは瀬戸内海なのか？と、気がついた。で、どう思うか？　船の下には美味しい魚がたんまり泳いでるのだろうか、ということ。妄想してウットリしていた。

島に着いた。

小豆島は日本で19番目に広い島で、属する島々まで併せたら169・86㎢ある。それがどんぐらいのものか想像つかないが、島にいて、島にいるって感じがまったくしないぐらいに広い。簡単に自転車で回れたりしない。車が必要。ということで、12時からの街頭演説の地であるオリーブタウンというショッピングセンターには、バスで向かった。船の中で、すでに何度も会っていた共同通信社の高松支局にいる女性記者と再会し、「バスですぐですよ」と言うので一緒に行ったのだ。

そのとおり、ショッピングセンターには瞬く間に到着し、まだ時間があるのでファミレスで仕事をするという彼女とは別れ、ショッピングセンター内のスーパーに入ってみた。とにかくスーパーが好き。どこへ行っても、いちばんにスーパーに入りたくなる。あれこれぐるぐる見て回り、ドーナツや揚げ煎、特産品のオリーブのお菓子を買う。へへへ。楽しいねぇ。

レジに並んでいると、バイト／パートさんの募集が貼ってあった。必ずこういうのを見るのがクセになっているのだ、私は。

香川県の最低賃金は848円。ここの時給は864円

だ。忙しい夕方からはプラス100円。組合があり、バス旅行もある。へぇ〜。しっかりしてる。とはいえ、スーパー内で見た物価は東京と変わらない。島で暮らすには、高松やどこかへ、フェリーで往復することも多いだろう。高松まで大人ひとり片道700円。車で乗りこめばもっとかかる。そういうことを考えると、時給はもっと高くあって欲しい。東京の最低賃金は1041円。ここの時給とは177円の差。一日7時間働いたら1239円の差。二十日間働いたら2万4780円の差。けっこう、大きい。

そうこうしてるうちに、近所の人たちが続々と集まってきた。昼間の時間帯。島のお年寄りが中心になる。小川さんの街宣車が来て、スーパー前での、演説の始まりだ。

そこでは昨日まで、高松市内のデパート前などでやっていたものとは違い、島の生活に根差した話をする。なるほど、話す内容を、場所によって変えるのか。へぇ〜。知らなかった。でも、そりゃそうだよね。国会議員の地域性。地域とつながる国会議員。それをまた感じた。

そして小川さんは次の街頭演説の場所まで、自転車で向かうという。50歳。がんばるねぇ〜。その様子を後ろの車から撮る大島監督を、さらにその後ろから撮るという、最高のシチュエーションに乗り合わせた。キャッハー。何これ？　楽しすぎるっ。

　ドキュメンタリー映画ってこうやって地道に作ってくんだなぁ。この後、私は前田亜紀プロデューサーとずっと一緒だったけど、前田さんも常にカメラを回していた。映画『香川1区』は着々と撮影されている。

　それからまた別のスーパーの駐車場で街頭演説。集まるのは数人。それでも話すテンションは高い。ここでもまた島の生活について、じっくり語る。人数が少ない分、ひとりひとりに話しかけるように話す。高松の三越前で見たものとは違って、なんだかこっちは生活の中の演説という感じがして、私はこっ

大島新監督

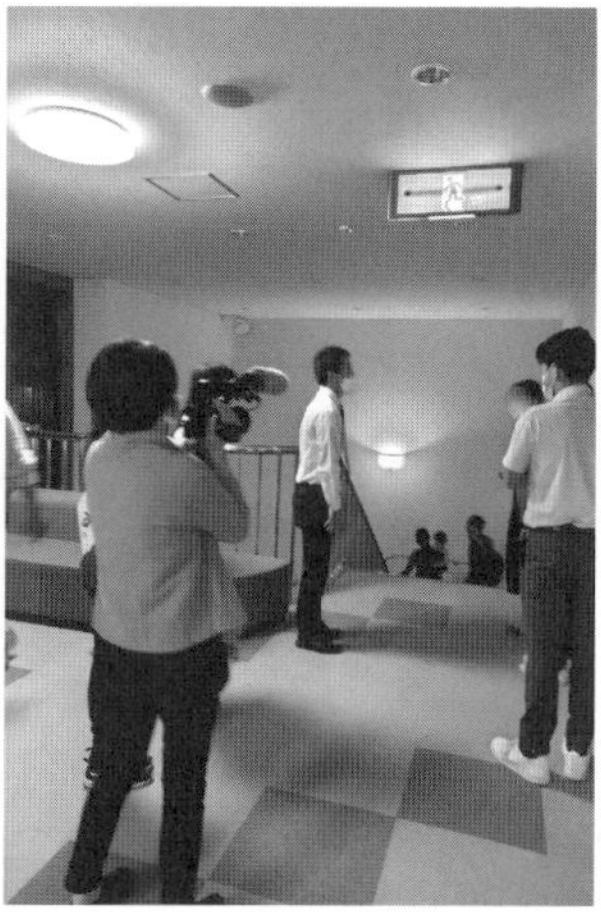

前田亜紀プロデューサー

ちの方がずっとこの好ましいというか、好きだと思った。地べたに立つ小川さんという感じだ。

タヌキとイノシシを相手に街宣アナウンスに挑戦！

でも、それはほんの序の口にすぎなかった。その後、私は本当に地べたで選挙運動をする小川さんの姿を見ることになる。

でも、その前に腹ごしらえ。

前田さんと見つけた（最高においしかった！）天ぷら屋さんに入ったのだが、がっついていたのと、時間がないのとで、パクパク食べ始めてから、「あっ！　写真！」と叫んで、食べかけを写す私。汚いね。ごめんね。ごめんね。でも、おいしゅうございました。

さて、午後も街宣車はあちこちを回る。本当に島をくまなく、だ。そのうち、小川さんが降りてきて「和田さん、街宣車に乗ってみたいでしょう？」と言う。乗ってみたい！「わーい、わーい」と子どもみたいな声を出しながら、後ろの席に乗せてもらう。特等席だ。

車には、ウグイス嬢っていうんですか？（この呼称もしかし「たいがいだな」とうんざりする）アナウンス役の林さんと、そのアシスタント（？）を務める、小川さんの次女、晴菜さんが乗る。晴菜さんは勤めている会社から、有休をとって来たという。

「おがわじゅんや、おがわじゅんや、本人です」

「おがわじゅんや、おがわ、じゅんや、本人が来ております」

林さんの美しい声、よどみない、しかし絶妙な間合いを生むしゃべり。特にカンペを見るわけでもなく（いちおう用意されている）あれこれ次々言葉を繰り出してきて小川さんを紹介していく。すごい。プロだ。しかも、山あいの道、集落が続く道など、そのときどきに小川さん自身も急にマイクを持ってしゃべりだすから、それを見て、すぐ自分はマイクを離す。すばらしいコンビネーション。林さんは小川さんが最初に立候補したときからこの街宣車に乗ってきたそうで、慣れているといえばそうだけど、いや、それだけじゃないよなぁ。小川さんが水を飲み終えたら、サッと後ろから別の水を取って渡したり。気配りがハンパじゃない。私はプロの仕事を見るとウットリする。林さんの仕事ぶりをウットリ見つめた。

汚い……

小川さんの次女・晴菜さん

街宣中の小川さん

　聞けば林さん、日ごろも結婚式や各種イベントなどで、司会業をされているという。そのほかに舞台の仕事も。でも、このコロナ禍で仕事は激減。「持続化給付金、一回きりじゃ、生活できません。せめてもう一回おねがいしたいです」と心から言っていた。ほんと、そうだ。私の周りにもそういう人は大勢いる。持続化給付金出しましたよ、ポンっ。で、終わりじゃない。みんなの生活は続いている。そりゃ月次支援金なんかもあるけど、そういうの幅広く派手にアナウンスもしないし。仕事がなくなって、お金がなくなって、という人がこんなにいるのに。林さんのようなプロ中のプロな仕事をする人も困っている。これまでの政府のコロナ対策は失敗、としか言いようがない。

　と書きながら、林さんの写真がブレブレでちゃんと写ってなかったド素人すぎる私をお許しください。ああ、私ったら、ほんと、何をやらせても……。実は街宣車が山あい奥深く入ったところ、小川さんがクルッと後ろを振り返り「和田さん、この辺りで聞いてるのはタヌキかイノシシしかいないから、マイク持ってしゃべる練習してみたら？」と言うので、にわかウグイスになったのだが、いやぁ〜。これがまた、見るとやるとでは大違いの極致！　めちゃくちゃ難しく、何をやらせても……な私を露呈してしまった。

　とにもかくにも、「おがわじゅんや、おがわじゅんやです」とか何度も言ってると、自分が果たして何を言ってるのか、分からなくなってくる。自分の声が外に響いているのが聞こえるので、頭が混乱する。その名前が、まるで呪文のように思えてくる。それで、マイク持ったまま、つい「わああん、わからんっ」とか言っちゃって、それが山々にこだまする。タヌキとイノシシもびっくりだ。しかし、小川街宣車のみなさんは、なかなかに我慢強い。「マイクを返しなさい」と言われないので、再び「おがわじゅんや、おがわじゅんや、本人です」とか言いながら、渡されたカンペにある政策要約も読み上げる。政策はずっと対話してきた。頭にぜんぶ入っている。お手のもの……のはずなのに、つっかえる。しどろもどろになり、妙な間が空く。ああああっ！　もうダメだっ！　ギブアップ！　マイクを林さんに返し、「ダメでした……」とうなだれた。街宣車ってたいへん。選挙ってプロの仕事に支えられている。おもいっきり実感した。

国会議員になるなんて自分にはムリっ

しかし、そんなことを18年もやってきたのが、小川さんだ。街宣車に乗って手を振り、道の両脇の家々から手を振る人や、対向車にも「ありがとうございます!」「こんにちは!」と言って頭を下げる。ただ車に乗っているんじゃない。始終気を配り、あちこち見ている。一瞬も気が抜けない。道の向こうから誰か来たり、脇道に座っていたり、畑仕事をしている人など見つけると、すぐ車は路肩につけられ、小川さんと晴菜さん、それに妻の明子さんも後から降りてきて（明子さんは私を乗せてくれたために、後ろの車に乗っていた）、ご挨拶をする。「今年の○○の収穫はどないなぐあいですか?」「お身体大切にされてくださいね」などなど、正直、たわいもない会話だ。でも、3人ともこれ以上ないぐらいに腰を低くして、お辞儀して、グータッチし、笑顔をふりまく。

う〜む。これがいわゆる「ドブ板選挙」と呼ばれるものか?

ウィキペディアによれば「かつての選挙活動では、候補者や運動員が有権者に会うために民家を一軒一軒（場合によっては後援者の民家でミニ集会も行う）回った。その際、各家の前に張り巡らされた側溝（ドブ）を塞ぐ板を渡り、家人に会って支持を訴えたことが『ドブ板選挙』の由来である」という。

日ごろの小川さんのイメージってどうだろう？　映画の主人公になり、統計王子などとも呼ばれ、国会でパリッとバリッと活躍し、みんなに「総理大臣になってほしい」と切望される、キラキラの国会議員？　でも現実の選挙では、島中巡りながら、ドブ板またぐこと数十回、いや、数百回。ひとりひとりにお辞儀をし、話を聞く。

私、絶対に国会議員にはなれないし、その家族もイヤだわぁと心から思ってしまった。絶対にできない。疲れちゃうし、面倒だし。そりゃ島の人たちはみんな笑顔でいい人ばかりだったけど、たまにはきっとイヤな人だっているだろう。そんな人にだってニコニコしなきゃいけないなんて、ムリっ。ムリっと心で思っていた。

なるほど、これが選挙なのか。これが日本の選挙なのか。でも、これが正しい選挙なのだろうか？　これがあるべき選挙なのか？　勝つためにはこうしなきゃいけないのか？　民主主義ってこれなのか？　私はよく分から

車を誘導する小川さん

なくなった。

しかし、今このとき、そんな疑問を小川さんに言ってはいられない。全力で必死なのがよく分かった。島の細い道。車が脇の家から延びる木にひっかかりそうになれば、自ら降りて、車を誘導する。「もうちょっとこっち、もうちょっと、そうそう！」とか。晴菜さんや後続の車からもみんなが降りて、あれこれ木をひっぱりあげたりしていたのに、いやぁ、私、降りれませんでした。みなさんのフットワークの軽さに、ひたすら驚愕していただけでした。私は選挙を見ることはできても、選挙の人にはなれない。すごい。こんなことを十数年もやってるなんて。よほど強い志がなければ、できない。これまで長々対話を重ねてきた小川さんを見る目というか、印象がかなり変わった。なんというか、こんな壮絶な覚悟をした人だったのか、と。私のヤワな考えとか、生き方とか、吹っ飛ぶ気がした。

そうして夕方からもう一つ、スーパーの前で街頭演説をし、それから個人演説会があった。大変でしょう？　朝からずっと分刻みのスケジュールで、永遠にマイク持ってしゃべり続ける。頭を下げ続ける。合間にはテレビ局の取材まで入っていた。

私たちの手で作ってきた政治なんだから

さて個人演説会。これがとても良かった。島の人たちがホールに集まってきてソーシャルディスタンスで座り、小川さんがひとりで語る。

冒頭、妻の明子さんと、次女の晴菜さんの話をした。東京で働く晴菜さんは、今回初めて街宣車に乗り、マイクを持ったんだという。「父を信じてやってください」「父に日本を変えさせてください」と切々と訴えた言葉に、隣で聞いた私は、ああ、これは実感を伴った言葉だなぁとしみじみ感じていたけど、小川さん、それにものすごく感動しつつ、娘さんに様々重荷を背負わせてることを申しわけなく思っていると話した。父親が国会議員でなければ、楽しく自分のことばっかり考えてればいい年ごろの娘さんに、こんな言葉を言わせ、頭を下げさせなければならないこと、小川さんはどれだけ罪の意識のような、申しわけなさを抱いていることだろう。それは小川さんの妻明子さんも背負う親の思いであり、また明子さん自身は同時に、妻の思いという大きなものを背負っているだろう。小川さんは明子さんへも大きな負い目を感じているはずだ。明子さんの思いも、晴菜さんの思いも、さらに後半になって妹と交代で来た長女の友菜さんの思いも、家族みんなの気持ちが切なく、複雑だ。互いを思いやれば思いやるほど、東京で見る選挙とは違う家族のあり方には、いろいろたいへんなことを引き受けていく。考えさせられる。

それから、演説は、大事な公共交通の話になった。私も感じたけど、島へ渡るのに片道700円は高い。距離にして20キロで700円だ。都内なら新宿から武蔵小金井ぐらいまでで20キロか？　ＪＲ中央線で片道308円だ。でも、航路になると、値段は倍以上になる。小川さんは「諸外国では鉄道と船の運賃を距離に応じて同じにしている」「日本には400を超える有人離島があり、40万人が暮らしている。海洋国家と言えるのに、政策がそれに適合していない」「自己負担なのはおかしい」「航路は道路だという認識が必要だ」

と語る。国がもっと、公共交通を大事にすべきだというのだ。それは私、本でも読んだ（勉強しました！）。日本はどんどん地方の公共交通を廃止していくけど、逆だ。大切なのは国が予算をつけて充実させ、住み良い環境を創る。それこそが必要なことなんだって。

「こうしたこともすべて誰が決めて誰に責任があるのかが不明瞭。この国の政治が決めるプロセスが見えてこない。それは何もこの問題に限らず、70年間大事にしてきた憲法解釈を一夜にして変えてしまうことにも通じる……」小川さんはまた力を込めて、そんなことを話す。

「主権は私たちにある、私たちの手の中にある、そう実感できる状況にする責任は野党にあると思います。私は野党を作り替えていきたい」

「見て見ぬふりをする政治はダメだ。次世代へ課題を残さない、放棄しない」

　およそ40分。水も飲まず、一切何か見るわけでもなく、一気に語った。

　そして、「私たちの手で作ってきた政治なんだから、私たちの手で変えられないわけがないでしょう」と言う。

　ああ、そうだ。それ、ほんと、そうだ。私たちの手で変えられないわけがない。私たちが変える気になれば、必ず変えられる。

　それにしても水も飲まずに話し続けるって。「水、飲まないのですか？」と後から聞いたら、「水なんて飲んだら集中力が途切れてしまう」っていう。そういうものなのね。

そうしてやっと、長い一日が終わった。小川さんは朝7時から。まぁ、私は10時から。夜8時すぎのフェリーに乗って高松へ帰った。

対話は続くよどこまでも

また写真を撮り忘れた私。フェリー内ではうどんを販売していて（さすが香川県！）これが「船内で食べられるうどんとは思えない美味しさ」と小川さんも絶賛のうどんで、美味しかった！　きつねうどん。その、きつね（おあげさん）もジューシーに汁が染みわたっていて美味しくて、ナニコレサイコー？

そして食べ終え、ひとつだけ選挙について小川さんに私が思ってることを話した。

「こうやって選挙になって、街宣などでみんながワイワイ盛り上がっていると、必ずそこから漏れてしまう人、疎外感を抱いて遠巻きにしてしまう人、取り残される人が出てきますよね。それを見逃さないでほしいです。それはリアルの現場もそうですが、投票ができない人たち。この国に住みながら、投票権がない人たち、その人たちのことも、小川さんには思っていてほしいし、できれば言葉にして、言ってほしいです」

小豆島の空は広い

小川さんは真剣に聞いて、「そのとおりです。『国民』というところから漏れてしまう人、選挙になると、その人たちがいつも置き去りにされてしまう。その人たちを忘れてはいけない」と答えた（『時給はいつも最低賃金〜』に「国民」という言葉のことを書いたのでお読みいただきたい）。

フェリーの中での短い対話。対話は続いてます。ここでも。いつでも。

10月22日（金） 晴れ

密着5日目にして「選挙ハイ」

●小川淳也本日のスケジュール

時間	内容	備考
8：00〜8：30	朝街頭	屋島センコー産業前
⬇	街宣	屋島中・古高松中
11：30〜12：00	自転車街宣	屋島センコー産業前 〜 高松三越前
12：15〜12：45	商店街街宣	南新町商店街 〜 菊池寛通り
⬇	街宣	木太中
14：00〜14：30	昼食	事務所
⬇	街宣	下笠居中・勝賀中
16：00〜16：30	青空対話集会	マルナカ新鬼無店
⬇	街宣	香東中・一宮中
17：30〜18：00	街頭演説 （蓮舫さん）	瓦町駅前
20：00	終了	事務所
20：00〜21：00	オンライン対話集会	事務所

今日はボランティア体験デーにすることにした。事務所へ行って、電話かけをする。それだけ。

と思ったが、お昼ごろ、ホテルを出るとき『なぜ君』プロデューサーの前田亜紀さんからLINEで「三越前に小池晃さんが来るらしいよ」と聞いたので、いそいそ歩いて行ってしまう。「選挙ハイ」。身体はクッタクタなのに、演説やってるよ！と言われると、行って、見たくなってしまう。私も知らぬうちに巻き込まれているのを自覚した。

三越前に着くと、どうやら直前まで小川さんがチャリで寄って、スピーチしていたらしいのだが、私が行ったときには小池晃さんと、比例候補の白川よう子さんが街宣車の上に乗って話していた。白川さんがスピーチで「四国選出では、女性の衆議院議員がいません」と言うのには驚いた。ええっ？　じゃ、四国の女性の声を代表する国会議員（衆議院）はいないってこと？　四国の女性たち、それでいいの？って私は叫びたい！　みなさんの声、国会に届いてないんですよ！

そして、その足でまた、ゴトゴト走る可愛い琴電に乗って、「空港通り」という駅で降りて、そこから徒歩で約20分。ちょっと遠い小川選挙事務所に行った。「電話かけに来ました」と言いつつも、事務所内をウロウロしていたら、ボランティアで来ていた女性が「ロミロミ（ハワイのマッサージ）」をやってくれるというので、やってもらう。縮こまっていた身体がグンと伸びて、気持ちいい。極楽か、ここは？

このままこっそり帰ってしまおうか？な

ロミロミされる私

どとふてぶてしく思っていたら、小川さんが街宣から帰ってきて「何してるん？」と言うから、「今から電話かけをやってみます」と答えてしまったので、渋々やることにした。それにしても小川さんは休むことなく連日動き続けで、究極の「選挙ハイ」なんだろうなぁと思う。明日を信じて。自分を信じて、なのか。選挙が終わったら、そういう気持ち、聞いてみよう。

みんながしりごみするボランティア「電話かけ」

さて、電話かけって、見知らぬ家にいきなり電話をかけることだ。あらかじめ用意された名簿の家々に、営業の電話かけと同じようにして、「投票に行ってください」「〇〇候補をお願いします」などと、ぺこり、ぺこり、お願いする。ものすごくハードルが高いボランティア作業。選挙事務所におけるボランティア作業には街宣のお手伝いをするとか様々あるけれど、最も大変で、最もみながやりたがらないものだって、聞く。でも、候補者がドブ板で選挙運動をするのと同じように、このアナログな方法がボランティアする側ではまた、最も大切らしい。確実な票固めになるという。そんなん、メールでいいじゃん？と思うけど、メールで「～に投票してください」っていきなりお願いするのは、公職選挙法に違反するらしい。あらかじめ「メールしてもいいよ」っていう人にはメールしていいらしいが、なんだ、それ？　また謎な選挙の法律。ったく、ややこしいっ！　いい加減に変えて欲しい。

　でも、それを体験する。初挑戦！　どうやったらいいかよく分からないので、やってる人に近づいて「すみません、かけ方が分からないので、そばでしばらく聞かせてください」とお願いして耳を澄まして聞いてみた。

「こんにちは、私は小川淳也事務所の○○と申します」

って、明るくかける。31日には投票に行ってくれとか、友人や家族にも声をかけてとか、予定されている青空対話集会の場所や時間を伝えて、見に来てくださいとか言う。とにかくお願い三昧だ。

　言えるのかなぁ？　そんなこと。なかなか始められず、ベテランそうな男性にも声をかける。「どうやったらうまくできるんですか？」

「慣れだよ～、慣れ」

な、慣れか。「私は初めてやるんですけど。怖くないですか？」

聞いてみる。

「僕は元々証券会社勤務だったの。だから、業務で毎日2時間ぐらい、営業電話をかけなきゃいけなくてね。昭和42年入社。当時は景気が悪かった、株価も安くて。でも、やらなきゃいけないからねぇ。それで、電話はどんどん慣れたよ」

なるほどぉ。「そういう仕事してたなら、こういうの、簡単ですねぇ」と、羨望の眼差しで見る。

「ただし、こっちは少し違うんだよ」

えっ？

「こっちは相手の話も聞いてあげることが大事だから」

ええっ。話なんてされたら……困る。

「でも、話をしてくれる人は意外と少ないから、とにかく最初は書いてあることを言えば大丈夫だから、頑張って」

ベテランの男性に背中を押され、電話かけブースに腰かけ、とにかく始める。感染防止用に、ダンボールとビニールシートで作った覆いが各テーブルに置かれている。秘書の八代田さんから渡された名簿と、電話のかけ方シート（ここに言うべき例が書いてある）、それに小川さんの街宣スケジュールが分かるビラを並べ、電話機を消毒シートでキュッキュッし、いざスタート！

ピッポッパッポッピッ。トゥルルル～～、トゥルルル～～。呼び出し音が鳴る。2回、3回、4回……10回を超えても出ない。やったぁ！　留守だぁ！　電話をかけた相手が留守で、こんなに嬉しかったことはない！　って、それじゃダメじゃん。ダメ。だけど、め

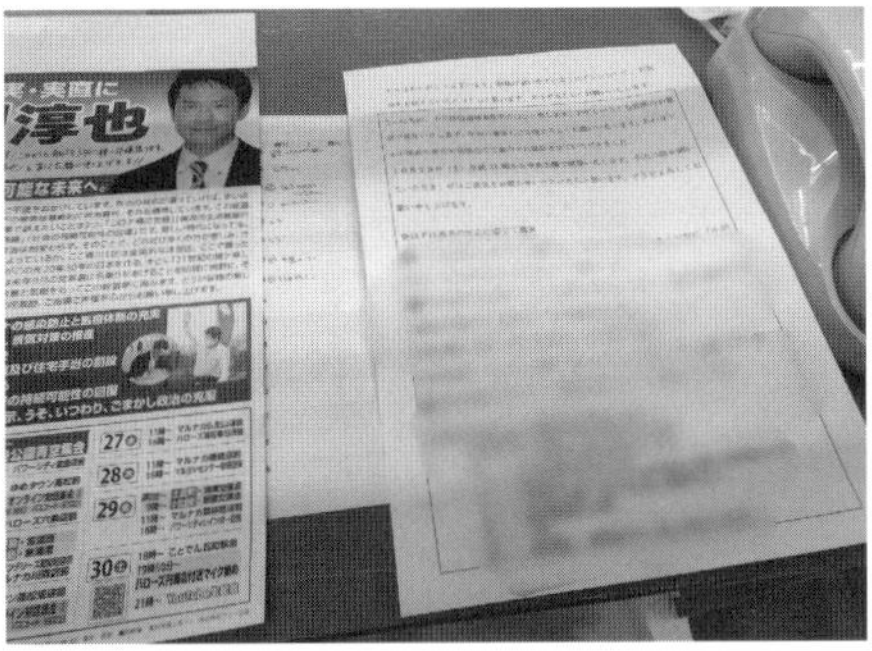

電話かけ七つ道具？

ちゃ助かった。ふ〜。

電話を切ると、周りで電話かけしてる人たちの声が聞こえてくる。斜め後ろにいる、小川さんのお母さん、絹代さんの軽やかなおしゃべり声が響く。どうして選挙の電話かけなのに、そんなに話ができるの？　いそいそ近寄り、「お母さん、さすがですね。慣れてらっしゃる」などと話しかける。「慣れてるのもあるけど、私がかけてるのは（お店の）お客さんなのよ。だから話ができるの」という。そうなのか。

「和田さんも頑張って」とまた励まされ、自分の電話のところに戻り、はぁ〜とため息をひとつついて、2軒目に電話する。ピッポッパッ、と、また今度も留守！　そりゃそうだ。家の電話にかけていて、時刻は午後2時ごろ。誰もいない可能性の方が高い。こりゃラクかもしれない？　しめしめ、と3軒目もかけると、「はい、もしもし」って。うわああ。出たっ！　って、お化けか？

慌てて「お忙しいところ、申しわけございません。私、小川淳也事務所のボランティアの和田と申します。ぜひ31日には投票所へ足をお運びください。また明日の11時からは中央公園で青空対話集会を行いますので、お時間が許すようでしたら、ぜひおいでくださいということをすらすら言えれば良かったのだが、まったくしどろもどろで、何を言ったかもよく覚えていない。

しょんぼり反省しつつ、それから大人しく何軒かかける。「小川さん、応援してますよ」「小川さん、がんばってね」優しく言ってくれる人もいる。そういうときは「ありがとうございます」と思わず電話に向かって深々お辞儀までしてしまう。

でも、そんな人ばかりじゃない。「小川淳也事務所の……」まで言ったあたりでガチャン！と切られることもあるし、「番号間違ってんじゃないか！」と怒鳴る人や、「選挙の電話はかけてくるなっ！」とブチ切れる人もいた。現実は厳しい。

それがちょっと続いて、心が折れ、事務所内を無意味にウロウロ歩く。すると、年配の女性が、「嬉しい電話でした」と、電話をかけた相手がとてもいい人で、小川さんを応援していて、集会にも行くし、友達らにも声をかけると熱心に語ってくれたのよと話してくれた。そして女性が「こうやって嬉しいことを共有するのが電話かけのコツよ」という。「それで励まし合ってかけていくんですよ」ってニコニコ言う。何よりそう話してくれる、その女性がいい人なのが分かる。

八代田さんが「ここで電話かけしてくれる方々にはもう18年、最初のときからずっと選挙のたびに来てくれる人たちが多いのよ。みんなとってもいい方ばかり」って教えてくれたけど、本当にそのとおりで、みんないい表情をした、どっから見てもいい人ばかり。18年間、小川

小川さんを支える人たちが集まる選挙事務所

さんが選挙に出て、選挙区で勝ったのは過去一度だけ。悔しい思いをずっとしてる人も多いだろうに、あきらめないで支えてきている。私はこれまで選挙のたびにワッと沸き起こるフィーバーみたいのに乗って、そういう人に投票してきた。それで負けてしまうとガッカリし、ポイッとして、二度とその人には振り向かない。そういうあり方だと、政治家は育たない。政治を成熟させられない。自分のあり方を反省した。後日、取材に見えたジャーナリストの星浩さんが電話かけするみなさんを見て、「これこそが民主主義の姿ですよね」とおっしゃっていたけど、ああ、これが民主主義なんだ。

「いやぁ、ほんと、すごいなぁ」と感

心して、今日はいったん終了だ。

えっ？　もう終わり？　ええ、ちょっと長々はやはり心がついていけませんでした。

それで、今日はもう一つのボランティア体験、ビラ配りへ向かうことにした。瓦町駅前という高松市内の繁華街で、小川さんと蓮舫さんが一緒に街頭演説をするという。それにあわせてビラを配る。

実はビラ配りはこれまで何度もやったことがあり、私、とっても得意。今日も小一時間ぐらいの間に50枚以上のビラを手渡した。グッジョブ、自分！　コツは相手の目を見ながら声を出すこと。「こんばんは～、小川淳也です～」「ありがとうございます～」「おつかれさまです～」と言いながら、グイグイ手元にビラを出す。「あっ」という顔して、受けとってしまう人がけっこういる。

そういう声が出せるのは、これまでバイトでお店のチラシを配ることが何度もあったし、「いらっしゃいませ」「ありがとうございます」「ご試食いかがですかぁ」とか、さんざん大きな声で言ってきたから。店の中でも前でも。だから、そういうことはすぐに、楽にできるんだ。恥ずかしいとか、みじんも思わない。それは私の仕事のひとつだったから。

「小川さんを自分の目で確かめたい」

そして今日は嬉しいことに、島根県から友達が来た。浜田真理子さんというシンガー・ソングライターだ。コロナ禍でなかなか会えなかった。

「なんで来たのか分からないけど、とにかく生の小川さんを自分の目で確かめたかったんだよね」と、真理子さんは電車を乗り継いで3時間半もかけて来た。大勢の人が日本各地から「小川さんに会いたい」と集まったけど、真理子さんもそのひとりだった。政治家を自分の目で確かめたいって、情熱的だ。

私は『時給はいつも最低賃金〜』を書く間、ほぼほぼ毎日ずっと真理子さんのCDをかけて、真理子さんのCDを順番に聞きながら書いた。あの本の行間に浜田真理子がいる。だから、こうして小川さんの選挙で会えて、本当に嬉しい。瓦町駅前の街頭演説に来た真理子さんを、すぐ小川さんに紹介した。そして、真理

シンガー・ソングライターの浜田真理子さん

子さんのファンでもある前田亜紀さんも誘って、女3人、ご飯を食べた。私と真理子さんは一学年違い。「会えるときに会っておかなきゃね」と、人生後半を生きる私たちは言い合う。美味しいお寿司を食べ、コロナ禍でも、なんとか再会できたことを喜び合った。

ちなみにお寿司は1300円。特上でこの値段。ウッハー。お店のおばちゃんは忙しいのにのんびりしてて、うっかり何か忘れても、ぜんぜん悪びれないし、むしろニコニコしてて良かった。東京だったらそういう接客は受け入れられないかもしれない。受け入れられる高松という街の温かさを思った。私たち、すぐ怒りすぎる。どうでもいいことで。怒るべきときに怒らないくせに。

夜、寝る前に真理子さんの「わたしたちのうた」を何度かYouTubeで再生して、天井を見ていた。『うたかた』（美音堂）というCDに収められているので、よかったら聴いてみてください。

10月24日（日）晴れ
選挙ってなんで休みがないの？

●日記をお休みした10月23日の小川淳也のスケジュール

時間	内容	備考
8：00	街宣	紫雲中・高松第一中
⬇		
11：00～11：30	青空対話集会	中央公園
商店街に向かって移動		
12：00～12：30	商店街街宣	菊池寛通り〜マルナカ田町店
12：30～13：00	自転車街宣	マルナカ田町店〜郷東マクドナルド
⬇	街宣	鶴尾中
14：00～14：30	昼食	事務所
⬇	街宣	桜町中・玉藻中
16：00～16：30	青空対話集会	パワーシティ屋島
⬇	街宣	屋島中・古高松中
20：00	終了	事務所

●小川淳也本日のスケジュール

時間	内容	備考
8：00	街宣	木太中・太田中
⬇		
11：00～11：30	青空対話集会	ゆめタウン高松
※オンライン対話集会は前半ゆめタウン街頭を生中継		
11：00～12：00	オンライン対話集会	車中で質疑応答
12：00～12：30	自転車街宣	ゆめタウン高松〜マルナカ田町店
12：30～13：00	商店街街宣	マルナカ田町店〜田町商店街南口
事務所に向かって移動		
13：30～14：00	昼食	事務所
⬇	街宣	協和中
16：00～16：30	青空対話集会	ハローズ六条店
⬇	街宣	山田中・龍雲中
20：00	終了	事務所

ブックマルテさん

なにもう〜、高松ってオシャレじゃん！

見て、これ。見て、ここ。

ここは高松港の真向かい。海の見える「北浜アリー」なるエリア。「ロサンゼルスのフィッシャーマンズワーフ、ニューヨークのピア17、ボストンのファニエルホールマーケットプレス」を目指すとかなんとか（ホームページより）。なにもう〜、おしゃれ過ぎ。ちなみにフィッシャーマンズワーフはロサンゼルスではなくサンフランシスコ（と、友達に指摘された）。思いっきり間違えていても問題ないあたりが、高松ののんびり良さだと言っておこう。

……って、23日はどうした？　いきなり24日ってなんだ？というみなさま。

23日の日記はお休みしました。ハイ。理由は後ほど……（小川さんはもちろんお休みしてません。71ページのスケジュールを参照してください）。

で。この一角には私の本をたくさん並べて売ってくれた「ブックマルテ」さんというすてきな本屋さんがあり、訪ねてみた。写真集が並んで、めっちゃオシャレ。代官山の蔦屋書店を思い出す。

高松に来てから1週間。ホテルと小川事務所の往復、そして街宣、さらに島、の日々だったんで、こんなオシャレなところがあるなんて、知りもせず。ビックリした。ここは元々古びた倉庫街。それをJA香川と協力して、若い人たちが中心となって再生し、カフェや雑貨屋さん、本屋さん、ギャラリーなどが並ぶオシャレエリアになったそう。地方再生には古びたものを生かしたまちづくりが大切。オンボロに見える、その歴史にこそ価値がある。

ホカホカの肉うどん

って。「和田さん、あなた、選挙の取材じゃないんですか？　何をはしゃいでるんですか？」というツッコミをまたいただきそうですが。でも、社長（本の出版元、左

はしゃぎたおす私

左右社の社長とエンジョイ

右社の小柳さん）が高松まで週末を利用してやって来たんだもん。せっかくだから、観光するよね？

おいしい肉うどんを食べたり（さすが香川よねぇ）。「カヌレ」とコーヒーを楽しんだり（社長が「この焦げたみたいの美味しい」と可愛いコメント残していました）。

……しかし、こうやって、人がはしゃいで観光とかして、おいしいものを食べたりしている様子、Facebookで見ては呪っていた以前の私なので、ごめんなさい、お気持ち逆なでしていること、察します。許してください。自慢したいのではありません。

選挙に出られるのは、健康で元気はつらつな人だけ？

でも、何が言いたいかっていうと、「選挙も休もうよ！」なんです。「選挙って、なんで休みがないの？」です。

きっとこの土日、全国で「選挙戦唯一の週末、候補者たちがマイクを握り、熱い闘いを繰り広げました！」みたいなニュースが踊って、大騒ぎで報道されているんだろうなぁと想像している（テレビは見ていないので分かりませんが）。やれやれ、ごくろうさまです。選挙スタッフのみなさま、おつかれさまです。取材されてる方々、がんばってください。何より候補者のみなさま、本当におつかれさまです。
と、私は一市民として、また選挙日記を書くライターとして、みなさんを少し遠い目で見ています。だって、なんで休まないの？だから。ふだん、過労死が問題になりますよね？　働き過ぎはよくない、長時間労働反対、きちんと休もう……そう言いながら、なんで選挙には休みがないのか？　それで日記は、一日お休みした。

今回の選挙、公示されたのは10月19日。投票日は31日。選挙運動できるのは12日間。その間、一日も休みなく選挙運動するって何？　どうしてそこに誰も疑問をはさまないの？12日間もあるなら間に一日、絶対に選挙運動をしてはダメ、その日は全員が必ず、告知含め休まなくてはいけないという日を設け、休む。その代わり、選挙期間は必ず2週間以上とするとか、どうして法律を変えられないの？　ここにも公職選挙法よ、変わってください！という問いかけ、願いが生まれる。

国の代表者を選ぶ選挙なのに、候補者が過労死寸前みたいに朝から晩まで動き回り、周りのスタッフもボランティアも死ぬほど働き、やばいじゃん！と言いたい。メディアはそこに一度でいいから疑問を持ってよ、頼むよ。ああ、メディアの人たち自身だって、その間はお休みなしとかでしょう？

それって結局、選挙に出られるのは、国会議員になれるのは、健康で元気はつらつの人ばかりってことにも通じる。

たとえば「鬱病」のような心の病を抱える人が選挙に出ることは、今のあり方じゃ難しいだろう。毎日朝から晩までびっしり選挙運動なんて、想像しただけで困難だ。

鬱の当事者が国会に代表として出たら？

「○○議員は本日、心の具合が悪いので議会にはリモート参加です」

といった感じになるかもしれない。それでいいんじゃないの？　ダメなのかな？

私、そういう寛容な、多様性ある社会こそ、あってしかるべきだと思う。心や体に持病を抱えるからこそ、「国のため、みんなのため、同じ病の人のため働きたいと思うんです」そう静かに、でも、決意をして語る人が、休み休みでも働ける場であればいいのにと願う。

「また和田さんが甘っちょろいこと言ってる」

　そう言われるかもしれないけど、そうあって欲しい。私自身、鬱の当事者だったひとりとして、そういう人が国会にいてくれたら、すごく心強いなぁと思う。たまには「鬱のためにお休みします」と、堂々とお休みしてくれたら、ああ、鬱でお休みしていいんだなぁ、それは決して恥ずかしいことでもないし、悪いことでもないと、当事者たちが安らかに思える。今、日本中に心を病む人がどれほどいることか！

　そして、当事者たちが安心して休み、治療し、社会にゆっくりと復帰していくシステムが作られていく……そんな風になってほしいんだけど？　当たり前！とみんなが思い込んでるこの社会のあり方に疑問を呈して、少しずつ変わって欲しいんだけど。

　でも今はみんな休みなく、選挙運動にいそしむしかない。小川さんだって昨日の夜、疲れ切った顔をしてたなぁと思う。

　そして、今日の夕方、ホテルからトコトコ歩いて買い物に出たら、瓦町駅前で平井卓也さんが街頭演説をしていた。

　平井さんもお疲れだろう。連日の選挙運動

平井卓也さん

だ。

「私は腹が立っています。フェアじゃありません」「ＰＲ映画にだまされてはいけません」「総理大臣になるとかならないとかちゃんちゃらおかしいです」「いまに国会議員全員が映画を作りますよ」「民主主義に反します」と、ひたすら映画『なぜ君は総理大臣になれないのか』の悪口というか、嫉妬めいた愚痴を延々言い続けていて、そんなに一本の映画に怒っても仕方ないのでは？　そもそも平井さんだって新聞社もテレビ局もご親族じゃありませんか？と問いかけたくなったが、きっとお疲れなのだろう。疲れれば愚痴も出る。悪口も言いたくなる。やっぱり休みましょうよ、と思った。

平井さんは「デジタル庁を通じて、この5年で国のシステムをすべて作り替える」とも堂々言っていた。じゃ、公職選挙法も変えてください、お願いします。でも、ふと、思うと、平井さんて、もうデジタル大臣じゃないんだよね。また戻るおつもりなのかな？　デジタル大臣に。

それでもなんでも平井さん、「日本の閉塞感はデジタル開発の遅れが原因」とも断言していた。並々ならぬ思いをデジタルにお持ちなのはよく分かった。そして、想像していたよりずっと小柄な人だったなぁ。

よく「分からん」まま18年、国会議員を応援する

そんなこんなで私は日曜日、小川事務所にも行かず楽しく休んでおりました。でも、土曜日は実は行って、また、電話かけ体験をしてきたんですが、分かりましたよ、自分の欠点。私、電話かけにおいて、めちゃくちゃ早口になってしまう！　緊張して、わああああ！となっているから、相手が「もしもし」と出るやいなや、「もしもし私は小川淳也事務所のボランティアをしている和田と申します。ああだこうだ、それだこれだ〜〜〜！」と一気にまくしたて、相手につけ入るスキを与えず、「ありがとうございます！」と自ら切り上げ、ガチャンっと切ってしまう。しかも、こちらの方々はみなさんふんわり優しい讃岐弁でお話されているけど、私はキリキリと切れ味鋭い東京弁。ダメだ、これ。かえって、迷惑になる。やらない方がいい。電話ボラ体験、これにて終了〜と決めた。

それで、秘書の八代田さんの横に行って、こまごました雑用などをもらって働いてるふりをしていると、電話ボラに飽きたのか、そもそもあんまりボラはしてなくて、ただただここに来たくて来ているのか、毎日見かけるHさんが話しかけてくる。てか、毎日話しかけられているんだけど、Hさんに。

毎日毎日いるHさん。18年前から小川さんを応援している。

「小川さんのこと、そんなに好きなんですか？　そもそも、どうして小川さんが好きなんですか？」

ちょっと聞いてみた。そうしたら意外な答えが返って来た。

「どうして好きか？　分からんなぁ」

えっ？　分からん？　分からんのに18年？　いろいろ尋ねると、「好きに理由はいらない」とかいうHさん。面白い。そして

「それより、うどん行こう。山奥にいいうどん屋がある」

などと、私をうどんに誘う。「和田さんなら3軒は行けるだろう」とか言う。「3軒も食えねえよっ」と、つっこむ。

なんだ、このユルさ。外では相変わらず小川さんが頭を下げてお願いをしている。家族も総出だ。でも、選挙事務所では、なぜ応援するのか「分からん」おじさんが18年も通い続けている。小川さんを大好きだと言う。

ああ、そうだ、このユルさだ。これが理想だ。これこそ、あるべきものだ。なんだか分からないけど、とにかく小川さんが大好きなおじさんが来る。それでいいんだ。考えたら、私だって「何が分からないかも分かりません！」とか言っちゃって、小川さんのもとへ行った。

選挙も休み休み。そうあるべきだと私は思う。

それにしても土曜日の青空対話集会は、そのとおり、空が青かった。

10月25日（月）大雨

小川さんは「国会の希少動物」

●小川淳也本日のスケジュール

時間	内容	備考
7：20～8：00	海上タクシー	浮き桟橋東側④
↓	青空対話集会	直島・宮浦港
↓	街宣	直島島内
9：00～9：30	海上タクシー	直島・本村港
9：00～9：30	海上タクシー	豊島・家浦港
↓	青空対話集会	豊島・家浦港
↓	演説場所へ移動	
↓	青空対話集会	豊島・唐と港
10：10～10：40	海上タクシー	豊島・唐と港
10：10～10：40	海上タクシー	高松港浮き桟橋
	演説場所へ移動	
11：00～11：30	青空対話集会	グランデリーズ 昭和町店
11：30～12：00	自転車街宣	グランデリーズ 昭和町店 ～ 高松三越前
12：00～12：30	街頭演説 （枝野幸男さん）	高松三越前
12：30～13：00	商店街街宣	高松三越 ～ 広場
↓	街宣	下笠居中
14：00	昼食	事務所
↓	街宣	勝賀中
16：00～16：30	青空対話集会 （辻元清美さん）	マルナカ川岡店
↓	街宣	香東中・一宮中
20：00	終了	事務所

「きゃ〜〜〜〜っ！」って、若い女性たちの嬌声が三越前の一画に響いた。すわっ！　ジミン（自民ではなくBTSのジミンですよ）でも来たのか!?

驚いて声のした方を見たら、違った。ジミンは来ていない（あたりまえだ）。代わりに（?）小川さんがいて、女子高校生たちに囲まれ、写真を並んで撮っていた。

20日の日記にも書いたが、「インスタを見た」って高校生たちが小川さんの街頭演説に続々やって来る。今日もまた三越前の街頭演説に団体で来て大騒ぎ。女子高生たち、興奮して嬌声をあげ、そして写真を撮り終えるやいなや、脱兎のごとく走り去ったのだが、その去り際に彼女たちが叫んだ。

「かわいいっ！」

えっ？

私は一緒にいた後援会の方と「かわいい？」と思わず目を合わせてつぶやいた。そして、もう一度、「かわいい？」とつぶやいてうつむき、2021年度の「かわいい」がよく分からなく

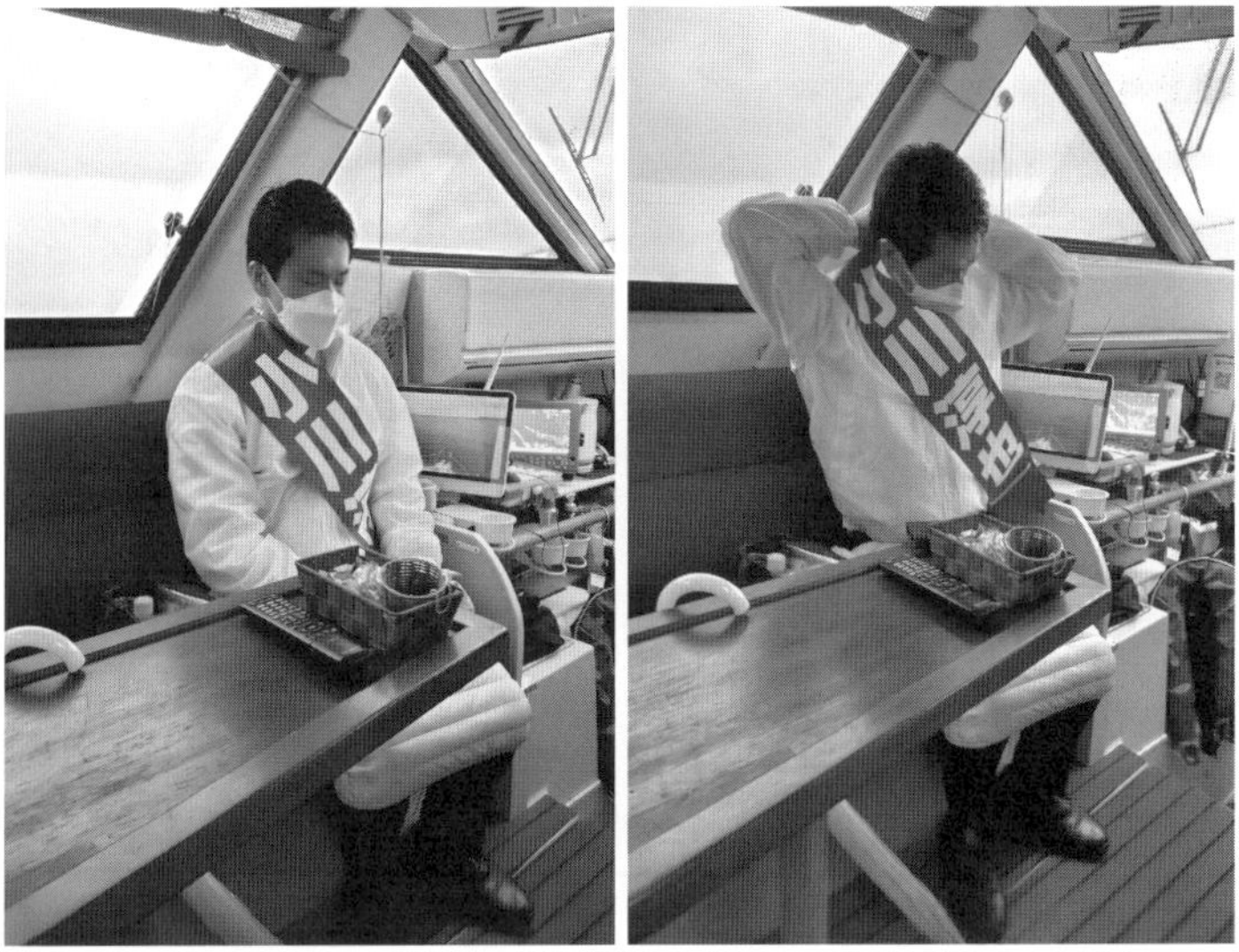
海上タクシーで直島へ向かう小川さん

なった。小川さん、かわいい、らしい。じゃ、かわいい3連発。上の写真をどうぞっ！

おにぎりを食べる小川さん。どんっ。街宣の支度をする小川さん。どんっ。街宣に向けて集中する小川さん。どーんっ。

うーむ。どっからどう見ても、おじさんが座っている図である（しつれいっ！）。もしや私の写真テクニックの問題か？　インスタのようにキラキラに撮ることはできない（あれは写真家の中川正子さんマジックだ）。すまん、女子高生たちよ。許せ。

しかし、いろいろな小川さんがいるのだ。見る人によって。女子高生にとっては「かわいい小川さん」であり、

昨日書いた、長年ボランティアしているHさんにとっては「とにかく大好きな小川さん」だ。

小川さんってどんな人？

そういえば、本を出してからたくさんインタビューを受けたが、そのときに「小川さんって、どんな人ですか？」と質問されることが多くあり、その度に答えに窮した。

自らもインタビュー仕事を重ねてきたライターである私は、そういう漠然とした質問には、どう答えたらこの人は喜ぶだろうか？を考えてしまい、うまく答えられない。そもそも、小川さんがどんな人かなんて、ずっと政策の話だけを延々してきたので、よく分からない。だから「政策通ですよね」とか、「映画と同じだと思います」とか、「いい人だと思います」とか、ああ、自分がライターとして書く側なら「チッ。使えねぇ答えしやがって」な答えをしていた。

小川さんて、どんな人だろうか？

今も選挙運動の取材をしてるだけなので、詳しいことは分からない。ただ、ときどきディテールは見える。今日は「かわいい写真」にあるように、朝いちばんの船に一緒に乗って直島と豊島《てしま》に向かった。香川1区は、選挙区に島がいくつもある特殊な場所だ。

島での遊説は高松市内とはかなり違う。それは小豆島のところでも書いたけど、直島と豊島は朝早かったせいもあり、ポツンと一軒家ならぬ、ポツンと小川さん、な場面もあった。島の一画、誰もいないところで、きっと誰か家の中で聞いてくれているだろうと想像して演説する。見えないあなたのために、って感じか。でも政治家って見えない誰かのために働く仕事なんだから、いいんだと思う。それに小川さん、なぜだかこういう図が似合うよねぇ。

豊島ではそれでもワイワイと港に大勢の人が集った。いつものようにまずは感謝とお辞儀から。これも小川さんの定番。

そして、次ページの写真を見てほしい。

「えっ？　何？　足？　玄関？」

地べたに置かれる小川さんの荷物

いやいや、足も玄関も関係ないんですわ。その奥、壁際にポツンと置かれた小さな黒い保冷バッグ。あれ、小川さんのものだ。街宣中は小さな保冷バッグにオニギリやら水筒やらなにやらギッシリ入れて持ち歩いている。もうちょっと、こう〜、パシッとしたイケてるカバンとか持たんのか？とも思うが、それが小川さんなのだろう。そして、それをこんな隅っこの地べたにポンッと置いて、集まった支援者の人たちとグータッチしたり、話こんでいた。カバン持ちはいない。それが小川さんだ。話は飛ぶが、集会では地元の男性が、香川2区選出の国会議員である玉木雄一郎さんと小川さんが、以前のように一緒に仕事をしてほしいと発言していた。地元ならではの思い、考えがあるんだなぁと思った。

それから今日は夕方に、辻元清美さんがゲストで来た。郊外のスーパーマーケットでの青空対話集会だ。大雨だけど。

辻元さんには先日、インタビューをしたが、そのときも、めちゃくちゃ頭がよくて話の面白い、すばらしくエネルギッシュな方だ！と驚嘆し、今日も再びそう。終わった後、今度は集まったおばちゃんたちが辻元さんをキャアキャア囲んでいた。

辻元さん、真っ赤なダウン姿で背筋をスッと伸ばして立ち（かっこいい！）、

「小川淳也は国会の希少動物だと思ってる。絶滅したらあかんから、絶滅危惧種とは言わないけど、まったく今の政治の汚らしい文化に染まってないんです。力があるのに活躍の場がないんじゃないか。思いつめると体壊すほど思いつめるんですよ、今の政治はこれでいいのかって」などと、面白楽しく小川さんを紹介する。

そして、「いつからこの国は世襲じゃないと総理大臣、総理候補になれない国になってしまったんですか？　おかしいです。そんな国ほかにないんです。ここ香川1区も象徴的なんですよ。今、自民党は3分の1が世襲になっちゃった。おひとりおひとりは悪い人じゃないですよ。ただ、幹部がみんな世襲になったような会社は、潰れてしまうでしょう？」

辻元清美さん

「予算委員会の質疑に立つのは相当な覚悟がいりますよね。時の権力者がずらっと並んでるとこ、こっちはひとりで戦いを挑むわけですから。でも、いつも思うんですよ。こんな

権力をほしいままにしてるような、そんな政治のありように私は立ち向かうんだ、庶民の娘が負けてたまるか！と思っています。だからみなさん、ここで小川候補を勝たせてください。これは『庶民のための庶民による庶民の政治』を実現する選挙、それが香川1区じゃないでしょうか」と熱く熱く語る。

涙がボロボロ出た。そやっ。そやっ。そのとおりやっ。今回の選挙は香川1区に限らず、日本中あらゆるところで「庶民のための庶民による庶民の政治」を実現できるか否かの大事なものだ。世襲政治はもう、うんざりっ。この国は貴族階級が支配してるのか？　民主主義とちゃうのか？　もう苦しい生活はイヤだ。最低賃金上げてほしい。労働者が自分の権利を堂々使える国にしろ。非正規と正規なんて分けるなっ。派遣でピンハネ止めてくれ。国民健康保険高すぎるから下げてくれ。誰もがあたりまえに温かい家に住めるようにしてくれ。ぎゃあぎゃあ、わあわあ。叫びたい。叫ばせろ。私たちに叫ばせろ。そういう選挙だ。そのための選挙だ！

大雨で体は冷え切ったけど、心は熱く熱く燃えて終了した。

……が。そこは私が泊るホテルのある街の中心街から、かなり離れたスーパーの駐車場だった。どうやって帰ろうか？　庶民な私はなかなかそこからタクシーを使って帰るという選択をすることができない。おそらく5千円はかかる。こんな遠いの、もったいないと思ってしまう。だって、タクシーなんてこれまでの人生でほとんど使ってこなかったから。

私には、倹約が骨の髄までしみ込んでる。だから、行きもちょいと乗せてくれる車に相乗りさせてもらい、帰りもそういう風にして最寄り駅まで行ってもらった。

すると前を走るのは、道々手を振り、声かけしながら行く小川さんの街宣車。私が降りる駅の前に停めて、電車から降りて来た人たちに小川さんが声をかける。「おつかれさまです。おかえりなさい」今日も絶賛、ドブ板の選挙をしている。

私は邪魔にならないよう、すうっ～と気配を消し、通り抜けようとした。すると小川さんが「和田さん、どこ行くの？」と聞く。「ホテルに帰ります」というと、「大丈夫なん？気ぃつけて。お疲れさま」と言う。でっかい私。なかなか気配は消せなかったようだが、「小川さんはどういう人？」そうやって、けっこう気づく人だ。気づいて、声をかける人だ。そんな風に声をかけてもらったら、その相手が誰であれ、嬉しいでしょう？　ありがとう、優しいなぁと素直に思う。

「採算が合わないからやらない」ってアリ？

そして私は駅のベンチに座って、電車を待った。琴電。円座駅。

待った……待った……待った。あれえええええっ？　電車ぜんぜん来ないんですけどっ？

和田靜香#石ころ
@wadashizuka

東京の暮らしに慣れていると、こうして地方に来ると公共交通の不便さに愕然とする。公共交通を整えることって、小川さんが街宣で何度も言ってたけど、本当に国として大切な政策。採算合わない＝廃止ってダメすぎる。そして増便もして。１時間に２本だなんて思わなかった円座駅。心が冷えた。

午後6:54 · 2021年10月25日 · Twitter Web App

388 件のリツイート　**32** 件の引用ツイート　**1,238** 件のいいね

大雨の中の青空対話集会で、身体はすでに冷え切っている。なのに電車、ぜんぜん来ないっ！　何があったの？　今さらながら時刻表を見た。が〜んっ。1時間に二本！　1時間に二本！　私は日ごろ、東京都中野区に住んでいる。たとえば新宿に出るならJR中央線と総武線、どっちかに乗れば2〜3分に一本はある。だから、ここでも最寄りの駅まで行って電車に乗ればすぐ帰れる。そう思ってた。なんて甘かったんだろう。身体は冷え切り、心の中でデスメタルが鳴り響く。ゴオゴオゴオゴオ。ウォウォウォウォ〜。ここは北欧か。

　悲しみのビッケ（↑『小さなバイキング　ビッケ』というアニメ覚えていますか？）となり、ホテルにやっと帰り、上のようなツイートをした。

　そうしたら、わあああ〜っと山ほどツイート返信がきた。みんなそうだという。どこも地方の街では公共交通が減らされて、困ってるっていう。そうか。

そうなのか。そうだわ。

思わぬところで国家的に必要な政策を実感した。採算が合わないからと切り捨てられてきた公共交通。これ、ちゃんとしてよ！　それ、国として急務じゃないのか？　今まであたりまえと思いこまされ、ないがしろにされてきた、それ。めちゃくちゃ大切だ。車は年とったら乗るな。だけど、公共交通はありませんって、ふざけるな！である。そんなの国として責任を果たしてないだろう？　ちゃんとしてよっ！

オマケ

選挙に「白手袋」って謎なんですが、雨だと、それにビニールカバー？かけて使ってた。で、それをテーブルの上で干してるところ。白手袋は清廉さをアピールするため？とか諸説あるようだけど、謎が深まる。怪しい。

そして手袋をはずした小川さんの手が疲れていた。手は口ほどにものを言う。

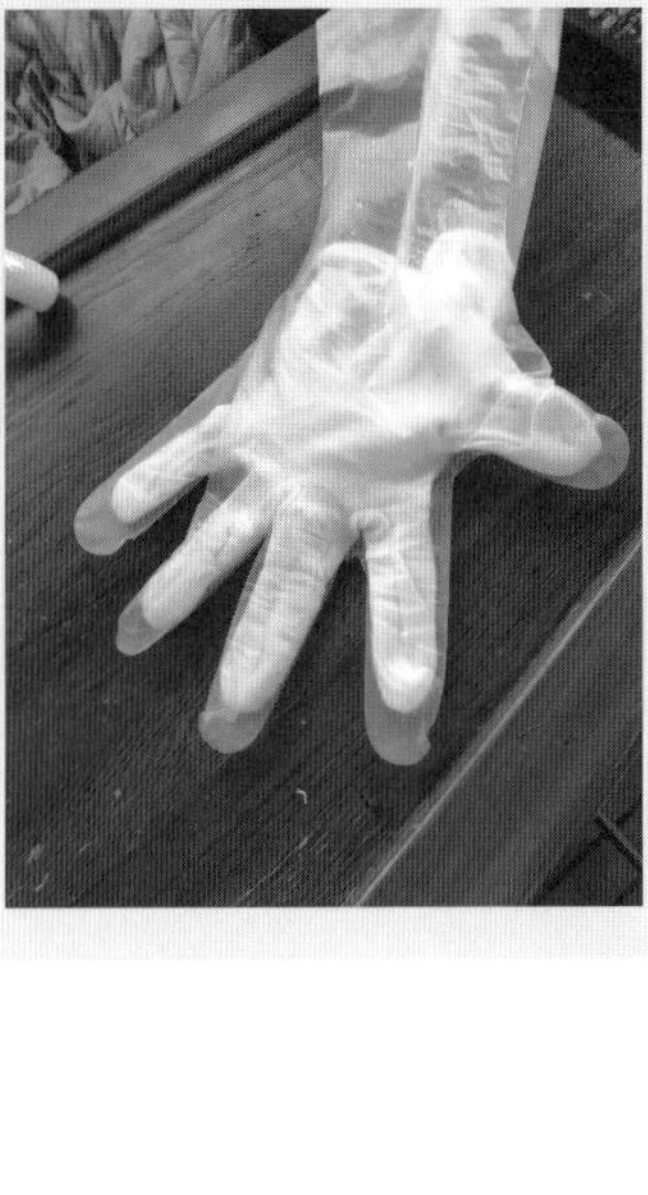

10月26日（火）快晴

高松で東京10区の不在者投票

●小川淳也本日のスケジュール

時間	内容	備考
8：00～8：30	朝街頭	栗林公園前
⬇	街宣	桜町中 玉藻中 紫雲中
12：30～13：00	商店街街宣	みまつ ～ 高松三越前
13：15～13：45	街頭演説 （野田佳彦さん）	高松三越前
14：00～14：30	昼食	事務所
⬇	街宣	高松第一中
15：30～16：00	自転車街宣	高松駅 ～ イオン高松東店
16：00～16：30	青空対話集会	イオン高松東店
⬇	街宣	木太中・太田中
20：00	終了	事務所
20：00～21：00	オンライン対話集会	事務所

島と大雨の翌朝は風邪気味。今日は大人しく過ごそうと決めて、自分の投票にだけ、とにかく行くことにした。

自分の投票？　そう、たとえば私なら東京都中野区、東京10区の投票を高松で行うことができる。それは不在者投票というシステム。私はあらかじめ区の選挙管理委員会のページから「不在者投票宣誓書兼請求書」をダウンロードして印刷し、郵送していた。もちろん、直接提出してもいい。私はこの選挙期間中ずっと高松にいるので、期日前投票もできない。

これを提出して、宿泊先のホテルに投票用紙を送ってもらうことになる。果たして本当に来るのだろうか？ 心配だったが、本当に来た！

ちゃんとホテルのフロントに届いて、手渡してもらえた。中を開けると、投票用紙などが入ったビニールパッケージがあり、それは投票をする選挙管理委員会に行くまで開けてはいけないとあった。

候補者や政党の名前を書いた用紙も入っている。

これを持って高松市役所へ。

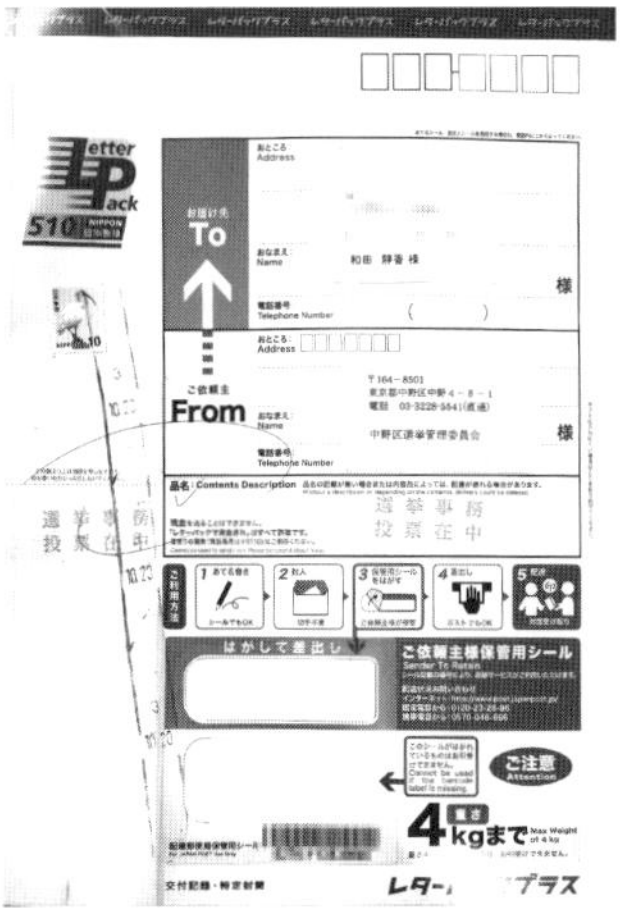

1階の受付に封筒を見せて「不在者投票をしたいんですが、選挙管理委員会って何階にありますか？」と尋ね、エレベーターで向かった。

そこは期日前投票所にもなっていて、けっこう大勢の人が並んでいた。へぇ〜。街中にいると話題の「香川1区」は、選挙が盛り上がってる風にはぜんぜん見えない。それでも期日前にはけっこう来てるんじゃん。

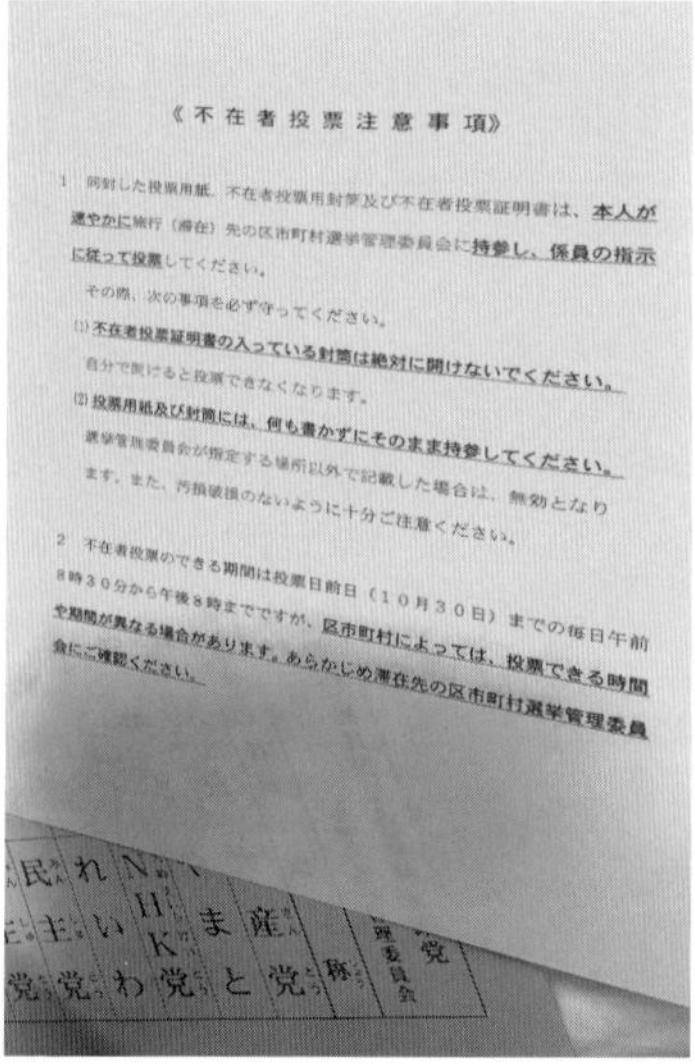

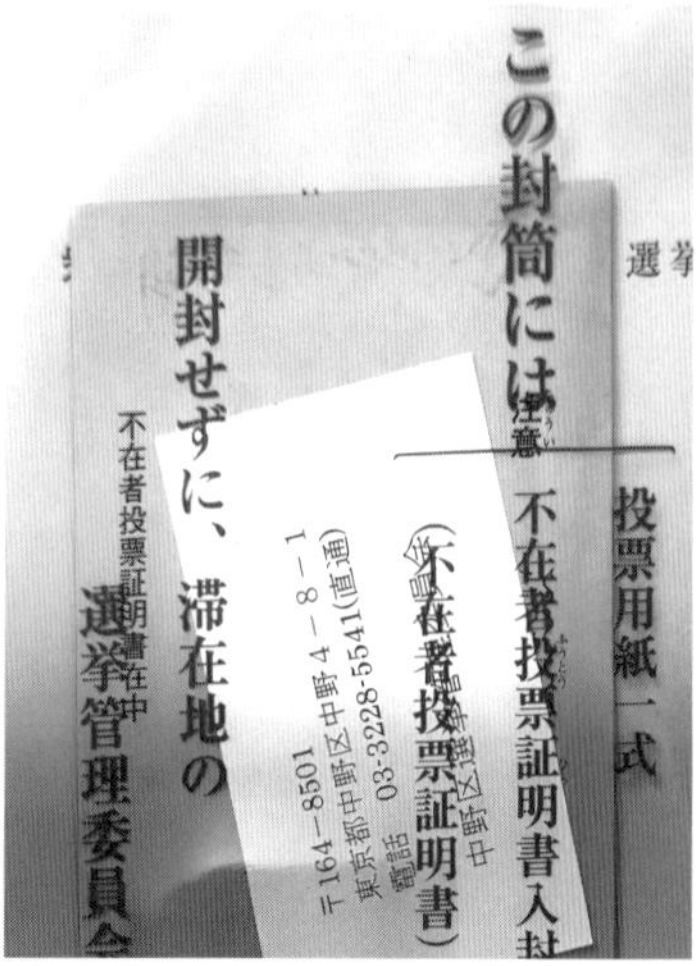

あなた誰に入れるんですか？　思わず聞きたくなる（聞かないけど）。ツイッターでは「私も香川1区に投票したい！」という声をよく目にするが、その香川1区な人々は特段キラキラすることなく、あたりまえに投票されておりましたよ、ええ。

期日前投票所の真向かいに選挙管理委員会室があったので、入り口で「すみませ〜ん」と大きな声を出した。すぐに人が来てくれたので「私は東京、中野区の住民なんですが、ここで不在者投票できますか？」と聞くと、「こちらにどうぞ」って、部屋のすみっこに案内された。そこは不在者投票エリアになっていて、投票を書く、あの、仕切りのある卓が3つ。そして椅子とテーブルが用意されていて、そこに座った。

係の女性2人が出てきて、封筒を渡すと、説明をしてくれる。これが小選挙区、これが比例区、そして最高裁の……と言われてアッとした。「最高裁判所裁判官国民審査」の資料を、自宅に置いてきてしまった。うかつな！　人の選挙に夢中になって自分の選挙がおろそかでは仕方がないではないか！　反省したが、そうか、スマホで見れば分かるんだったと気づいて（注：私はついこの間までガラケーだったんですわ）、結局それはスマホで検索してすぐに分かった。よかった（スマホは使用禁止の投票所もあります。自治体ごとに違うのは、スマホにまだ法律が追い付いてないのかもしれません……って、遅すぎるっ）。

そして、いざ投票！　一枚ずつ、ふだんどおりに卓のところで書き込む。書き込むと、その後はちょっと面倒で、まずは投票用紙を個別に小さい封筒に入れて封をして、さらに大きい封筒にそれぞれ分けて入れて封をし、そこには自分の名前を書く。不在者投票はだ

から、誰が誰に入れたかはっきり分かる形になるのか？　まぁ、開ける人に分かるだけ、なんだけど（と、思ったけど、後から聞いたら、小さい封筒だけを取り出して名前の分からない状態で中を開けるから、誰が誰に入れたかは分からない仕組みなんだそう。なるほど！）。

それで終了。小選挙区、比例区、裁判官、それぞれの投票用紙が入った封筒3つを係の人に渡すと、「こちらで中野区に送ります」という。私が郵送料を負担するとか、そういうことは一切ない。もちろん、ホテルに送ってくれたレターパックの郵送料も払ってない。かかったのは、「不在者投票宣誓書兼請求書」を中野区役所に送った切手84円分だけだけど、これも直接、区役所に行って、その場で書き込めばゼロ円だ。

慣れないし、封をする手間もあるので、かかった時間は、まぁ、10分ぐらい。でも、それほど面倒でない。なんてことない。みんなもやるといいです。

私が書いてる間、説明をしてくれた2人の職員のうちのひとりが「こうやるのよ」「これはこう」とか話しているのが聞こえた。おそらく不在者投票する人は、そうそうめったにいないのかもしれない。それでちょうどいい私がいて、若手職員に教えるサンプルになったのかもしれない。それなら、なおよかった。

帰り道の途中、商店街にある、小川さんの第二選挙事務所に寄って、「今、市役所で自分の選挙をしてきました」と言うと、ボランティアのみなさん、そのシステムをご存知なかった。「えっ？　じゃあ、うちの息子に一票入れさせることができたのか！」と愕然としている方もいた。大事な一票！　なんてことでしょうか！

そして今日は終了。えっ？　ほんとに？　いや、だって風邪気味だし。別の原稿の〆切あるし（私はライターですから）。第二選挙事務所から裏道に入ったら、ホテルの近所に小ぶりのスーパーマーケットを発見し、狂喜乱舞し、瓶入り牛乳を買ってごくごく飲んだ。ぷはーっ。うめぇ〜っ。まぁ、たまにはこんな日もある（「和田さん、あなた休みすぎですよね？」なご忠告はしかと受け止めました）。

10月27日（水）晴れ

選挙が終わるのが〝寂しい〟

●小川淳也本日のスケジュール

時間	内容	備考
8：00〜8：30	朝街頭	三谷中央交差点
⬇	街宣	山田中・龍雲中
11：00〜11：30	青空対話集会	マルナカ仏生山店前
商店街に向かって移動		
12：00〜12：30	商店街街宣	カフェ三匹の子ぶた 〜 菊池寛通り
⬇	街宣	鶴尾中
14：00〜14：30	昼食	事務所
⬇	街宣	協和中
16：00〜16：30	青空対話集会	ハローズ高松春日店
16：30〜17：00	自転車街宣	ハローズ高松春日店 〜 西村ジョイ屋島店
⬇	街宣	古高松中・屋島中
20：00	終了	事務所

小川さんのメインの選挙事務所はちょっと街の中心から離れているので、それを補う形で繁華街の真ん中にも一つ、小さな第二選挙事務所がある。昨日、チラッと寄ったところだ。今日は午前中からそこへ行ってみた。

ここ、ちょっと選挙事務所らしからぬ雰囲気です。まずは入口の看板。この「描き文字」は本好きな人ならピンとくる。そう、平野甲賀さんの書体！　私の年代なら『深夜特急』（沢木耕太郎）のタイトル文字を思い出す。平野さんは晩年、小豆島に暮らしたんだ

そう。

そして、事務所に入ると壁にはインスタチームやSNSチームが撮った小川さんの写真がびっしり貼ってあったりして。

反対側には「みんなの声」が壁を埋め尽くすように貼ってある。

いわく……。

「『未来は明るい』『未来は希望に満ちてる』と全然思えないこと。不安ばかり」

いわく……。

「大学生です。社会が閉塞感に包まれていて、将来に漠然とした不安があります」

いわく……。

「周りの人と政治の話をするのが怖いです」

正直で切実な声たちだ。小川さんはこの選挙期間中、街頭でやる演説は自分の主張や政策を知ってもらう場であるけれど、それ以上

もうひとつの選挙事務所に貼られたSNSチーム撮影の写真たち

に有権者の声を聞く場であり、その方が大事だと言ってきて、壁にもそれが表れている。メインの事務所の奥にズラズラっと並んでいた、あの為書きはここには一枚もない。代わりに、この声たちが堂々といる。この方がずっと選挙事務所にあるべきものに思える。貼られてあるべきだ。選挙は、私たちが声をあげる時、場、なんだから。他の選挙事務所もみんなコレ、やればいい。私たちの声が主役の選挙に、どんどん変わっていって欲しい。

それで、みなさんに挨拶をし、手を洗い、椅子に座り、何人かの女性ボランティアさんたちとべちゃべちゃおしゃべりをした。街宣に出かける前に。

私たちが話したのは、「選挙にまつわ

る言葉ってたいがいマッチョだよね～」ってこと。それって結局、これまで政治の世界が男中心の社会だったから。選挙戦って言い方だって「戦？」って気になるし、街宣車を「宣車《せんしゃ》」と呼ぶなんてのは戦車を彷彿とさせてキモい。

「私は、『～を男にしてやってください』ってのが、本当に大嫌いなの」

ひとりの女性が言って、みんなが大きく頷く。

「女性たちがウンザリしてるって、言ってる男たちは気づかないんだよね～」

「ほんと、そう、ほんと、そう」みんなの首がヘッドバンキング状態だ。

それから話はほかの世界におけるマッチョ表現にまで広がり、「こういう話がここでできて嬉しい」と、ひとりの女性が言った。ほんとに！　日ごろ疑問に思う社会の問題を、みんなが伸び伸びと語り合う。私が『時給はいつも最低賃金～』で書いて、願っていたありようがここで実現されているじゃないか！　これぞ民主主義じゃないか！　選挙事務所という場でそれが実現することは、本当に望ましい、あるべき姿だと思う。

ビラを持って、いざ「桃太郎」へ！

そうこうするうちに、秘書の坂本広明さんが「さあ、次の桃太郎行きますよ！」と私たちに声をかける。桃太郎？

この街中にある事務所では1日9回、主に県議会や市議会の議員を弁士に、街宣を行う。街宣は候補者本人など弁士がいて成り立つ。前も書いたけど、何もないまま、ただチラシを配ってはいけない。弁士が話をして、周りで、その声が聞こえる範囲でボランティアがチラシ撒きをするのだ。その他、何やら旗を持って行くとか、何とかっていう証明を見せるように置くとか坂本さんが教えてくれたんだけど、難しくてよく分からなかったんで割愛。

で、その、街宣に行くことを桃太郎って言うらしい。選挙用語。鬼退治することを考えるとマッチョだが、この場合の桃太郎は「みんなで並んで行く様を桃太郎たちが並んで行く様になぞらえている」んだとか。

「桃太郎」、いざ出発！

この回の桃太郎には小川さん本人が来ることになっていたが、一つ前にスーパーでやっていた青空対話集会に100人以上が集まり（平日午前中なのに！）、質問大会となって、小川さん、感激して、話が伸びに伸び、遅れるという連絡が入る。なんだか日に日に集まる人たちが増えて自ら声をあげる人も増えている気がする。坂本さんに「こりゃ最終日の最後の演説、すごい人が集まっちゃって、収集つかなくなるかもしれないですよ。警備の人を大勢お願いしておいた方がいいんじゃないですか？」と言う。こういうところにいると誰もが選挙対策本部長みたいな気持ちになってあれこれ言いたくなるのだが、私もそう。あれこれ言う。プロに向かって。恥ずかしい。

人生でこんなにいっぺんに応援されたことはない

ようやく小川さんが到着し、私たちのチラシ撒きもスタート。

「小川淳也です〜」「本人が来ています〜」「よろしくお願いします〜」

意外と静かな商店街なので声のトーンを少し抑え気味にし、ひとりひとりの目を見て、チラシを配る。あ、私はチラシとかビラとか、呼び方が混乱しているけど、本当は「選挙ビラ」と言うらしい。チラシっていうと、特価！　タイムセール！　じゃがいも10個で

150円！　とか、そんな風ね。ビラ、そうだわ。ビラ。

と、先日ビラ配りをした夜はみなさん速足で帰宅する時間帯だったからそうじゃなかったけど、今度はお昼時ののんびりお買い物タイム。驚くことに大勢の人がビラを受け取りながら話しかけてくる。

「小川淳也さん、応援してるのよぉ〜。ごくろうさま。がんばってねぇ」って、ニコニコしながら私のことまで応援してくれる。いや、ほんと、ビックリした。

ひとりの高齢の女性が

「私、今まさに投票行くの、そこに」と目の前にある期日前投票所が入る建物を指す。そして「小川さんに入れるわぁ」と言うので、マジですか！と叫び、女性を小川さんに紹介する。

小川さん、感激して、へっぴり腰ぎみにぐぐっと身体を下げ、小柄な女性の目線に合わせてお礼を言う。ああ、これ、ずっとやってると、さぞや腰痛くしてんだろうなぁと想像する。女性は嬉しそうにして、期日前投票へ向かって行った。

少しずつ街中を移動しながら、街宣は続く。「本人が来ております〜」とせっかくの機会だから徐々に大きな声で言ってみるのだが、全員が全員、好意的であるはずがない。ビラを「お願いします〜」と手元に差し出しても、良くて会釈だけ、知らん顔をする人がほとんどで、中には手をはらう人もいる。でも、そういうときこそ「ありがとうございます」と言うのがいいと誰かがツイートしていたので、受け取ってもらえても、断られても、「ありがとうございます」と言うことにした。

香川1区。みんながみんな好意的なわけじゃ、決してない。チラッとも見ない人が多いのは東京での選挙風景と変わらないと思う。候補者に、選挙に、関心を持ってもらうのは、本当に難しいことだと思った。

それでも2回目、3回目と、何度か桃太郎をしに出ると、優しい声をかけてくれる方々に大勢出くわした。

ビラを受け取るのに両手を差し出し、「ありがとうございます、がんばってくださいね」と笑顔で言ってくれる若い女性。

「淳也くん、応援してるよ。もうずっと応援してるから。あなたもがんばってね」と言ってくれる中高年の男性。

自転車をわざわざ止め、小川さんへの期待を延々話す男性。

「もう入れてきましたよ。あなたもごくろうさま」と言う中年の女性。

嬉しそうにビラを受け取り、「ありがとうございます」と言う高校生は男子も女子もいた。

みなさんが優しくて、小川さんを応援しながら、私のことまで「がんばって」、「ごくろうさま」と応援してくれるので、私も小川さんばりに「ありがとうございます」と深々頭を下げ、そして感激して涙が出そうになった。人生で、こんなにいっぱい、いっぺんに応

援されたこと、今までなかった気がする。なんだこれ、すごいよ。これが選挙活動なの？　こんなことがあるのか？　小川さんがいつも感激して「（涙）」って書いたツイートをしたり、実際おいおい泣いてるの、少しだけ分かる気がした。

事務所に戻ると、またみんなでおしゃべりをする。議員さんも労組の人もいるし、ボランティアの人もいる。大阪から高速バスを利用して、わざわざボランティアに来た大学生の男子もいる。

今回の小川さんの選挙、前述したように、いろんな人がボランティアで応援しに集まっている。しかも、全国から。中にはSNS班やインスタ班など専門的な技術を持って応援する人もいたり、地元の若い女性たちが集まる「オガココ」というグループもあり、彼女たちはカラフルで斬新なアイディアを次々繰り出して事務所の様子を変えていく。壁に貼られているあれこれは、彼女たちのアイディアだろう。街宣時に、小川さんへ寄せる期待をバナーにして持ち歩くということもやってる。みんながそれぞれアイディアを出し、できることを、できる範囲でやり合う。これも民主主義。

豊島から高松へ帰る船の中で小川さんが、「今まで選挙って大変で疲れるから早く終わらないかなぁって思っていたけど、今回初めて、終わるのが寂しいと感じる。だって終わればみんな散り散りバラバラ。それぞれの場所に帰って行ってしまうでしょう？　それが寂しいよね」って言っていた。候補者がそんな風に思える選挙って、すばらしいことだと思う。

しかし、事務所内。真面目なだけじゃない。けっこうフザけてもいる。

今日の話題の中心はもっぱら、高級なフルーツサンド屋のこと。誰かがチラシを取ってきて（今度は本当にチラシ！）それをみんなで見て、「みかんのがいい」とか「いちごのがいい」と言い合う。言い合うが、とてもじゃないが高くて買えない。「みかんのサンドイッチでこの値段はないなぁ」と、中年の男性がボソッと言う。うんうん。でも食べたい。食べたい食べたい、延々と言い合う。買って買ってとなすり合う。不毛な会話。

私的に嬉しいこともあった。「明日はこの事務所にいます～」なんてツイートしておいたら、本を手に「サインしてください」という読者の方々がいらしてくださったんだ。なんて、ありがたい。いつものヘタくそな絵を描いてサインをして、少し話をする。それぞれ仕事があり、人生があり、小川さんを応援している。

「私は福岡に住んで働いていたんですけど、ここに戻ってきて小川さんに投票できることが嬉しいです。今は全国の人が小川さんに投票できる香川1区がうらやましいって言うでしょう？　だから全国の人の想いを背負ってる大切な一票だと思っています」

　なんて、小川さんが聞いたら号泣しちゃいそうなことを言う。すごいなぁ。

「今までは当選してほしい〜って思うばかりだったけど、今回は違います。自分が当選させなきゃ、と思ってる。だから平井さんを支持してる人とも話をしてみたり、僕なりにやってるんですよ」

　なんて、もう、ビックリすごい。

「小川さんはここにいない人のことも思って話をしてくれますよね。私はそれが好きなんです」

とか。みんな自分の時間を生きる中で、政治のことを考え、候補者の言葉に耳を傾け、そして積極的に選挙に自ら関わろうとする。これが民主主義だね。

　街の小さな事務所。行って良かった。さっき、労組の人と書いたけど、「連合」の方々がいて、たくさんおしゃべりした。こっちの事務所は狭い分、いろんな人がごっちゃに混ざって語り合えるのがよかった。私的には連合の方々と話せたの、よかったなぁ。

連合は「日本労働組合総連合会」の略称で、いわゆる大企業の正社員の労働組合と言われる。長く共産党との溝が深いことは知られ、野党共闘を阻む「悪の組織」のようにツイッター民の間で言われるけど、正直、実際の活動を私もよく分かっていない。だからこそ、話すことができてよかったと思っている。

小川さんの選挙では、共産党が街宣車で「小選挙区は小川淳也へ」とアナウンスして町を走ってるぐらい共闘している。同時に労働組合の連合香川も全面的に応援する。香川1区では共産党と連合が、同じ候補を応援しているのだ。ちなみに労働組合は、働く人の声を届けるために、政治活動をふだんから行っている。

元々は美容室だった狭い街中選挙事務所を、私と同じ年のボランティアの女性のMさんがせっせと片付け整理整頓していた。いつも片付いて、きれいだ。Mさんともいろいろ話ができて、よかった。小川さんというひとりの候補者を通じて、こうして、まったく知らなかった人たちと知り合え、それぞれの人生や社会のこと、政治についてを語り合えるって、得難い体験だと思う。

オマケ

意味もなく、事務所で私の白鵬財布を自慢した。

「すごいでしょう、これ？　ねえねえ、すごいでしょう？」って。

みなさん、おそらく「なんだこの人？」と呆れながらも「おおおっ！」「すごい！」と言ってくれた。ありがとうございます。優しいねぇ。

って、さらに図に乗り、せっかくなので、意味もなく、ホテルの部屋の枕に巻いてる、おすもうさんバスタオルも自慢しておこう。きゃあああ。

10月28日（木）晴れ

キョンキョンとインスタライヴ!?

●小川淳也本日のスケジュール

時間	内容	備考
8：00〜8：30	朝街頭	ハローズ円座店
⬇	街宣	一宮中・香東中
11：00〜11：30	青空対話集会	マルナカ檀紙店前
11：30〜12：00	自転車街宣	マルナカ檀紙店前 〜 郷東マクドナルド
⬇	街宣	紫雲中
13：00〜13：30	商店街街宣	丸亀町グリーン 〜 高松三越前
13：45〜14：15	街頭演説 （安住淳さん）	高松三越前
14：30〜15：00	昼食	事務所
⬇	街宣	木太中
16：00〜16：30	青空対話集会	マルヨシセンター 松縄店
⬇	街宣	玉藻中 高松第一中 桜町中
20：00	終了	事務所
21：00〜22：00	インスタライヴ （小泉今日子さん）	

小川さん、やはり腰が痛いそう。こんなポーズ（次ページ参照）になっている。相手に目線を合わす、もしくは下から目線を送りながら話そうとすると、腰を曲げないとならないときがある。でも、痛い。となれば、こうなる。これ、見ようによっては相撲っぽくて、小川さんの相撲化始まる。とか、勝手に言っておこう。腰を落として下から下から攻める。相撲の基本ですね。ええ。

19日にスタートした衆議院選挙も、はや十日目。終盤。身体はもうとっくに悲鳴をあげている。休みなし、だからね。

それでもやる。国会へ行くために。そこで働くために。働いて少しでもみんなが安心して暮らせるようにしたいから——ですよね？　今、選挙運動に走りまわってる候補者のみなさま？　選挙に勝つことが目標じゃないですよね？　その先、私たちと歩む日々のため、ですよね？　小川さんがスピーチで、「戦いは選挙が終わった後」と話していたけど、そうですよね？　忘れられては困るのは、私たちみんな、選挙中だって、変わらず日常の困難に喘いでいる。生きるための戦いはエンドレス。そのために今、みなさんが頑張られているのだと、私、信じていますから。

高松市議の富野和憲さん

そして街宣は続くよ。街を練り歩く小川さん。先頭で拡声器を持ってアナウンスしながら歩くのは、小川さんの中学校の同級生、高松市議の富野和憲さん。小川さんの周りには、こうやって、かつての同級生が大勢いて、代わる代わるやって来て手伝う。

富野さんはコンパクトにいろいろ抱えて街宣を行い、抱えている札がいちばん大事なも

参議院議員のながえ孝子さん

のらしい。

今日の街頭演説には司会の方もいらして……って、あまりにお上手だったんで、プロの司会の方みたいだわと思っていたら、本当にプロで元アナウンサー。ながえ孝子さん。現・参議院議員。四国には女性の衆議院議員は誰もいないと言っていたが、参議院もながえさん、ただひとりなんだという。マジか？「がんばってください！」と言うと、「もっと女性の議員を増やしていかなきゃと思います」と言われて、うん、うん、と力強く頷いた。

ひとりが一回四股を踏んだら……

そして夜になり、ちょっと久しぶりにメインの事務所に行った。ご覧になっていただいた方もいるでしょう、小泉今日子さん、小川さんと3人でインスタライヴをやるためだ。すみません、こっからは写真ゼロです。余裕ゼロっした。インスタやSNS担当のボランティア・スタッフさんたちが一生懸命に準備してくれていた姿など、撮るべきであったのに、いや、もう、そんなこと思いも及ばず。己の緊張に、ひたすら打ち震え。喉が渇き。脈拍上がり。スーハー深呼吸しまくり。

あ、でも、直前にお気に入りのうどん屋「こんぴらうどん」で、うどんとおでんを食べていた、そのおでんの写真だけはある（食べるのは食べる！）。インスタライヴの話に、おでん写真！

インスタライヴは当初は30分ぐらい？という予定だったけど、結局1時間話した。小泉さん、小川さん、よく話した。私もがんばって割り込んだ。

高度成長期に育った小泉さんは、子どものころは夢見ることができた人生で、「疑うことがあまりなく、誰かに任せていたら豊かで素敵な未来がくる」と信じていたんだそう。その後バブルの時代が来て、なんとなくそのムードを感じながら、疑いを持たずにきた。「私たちの世代は割と社会や政治に関心を持つことをし忘れてきた気がして、それをすごく反省している」んだそう。

反省するきっかけの一つは、2015年、新安保法制に反対するデモが若い人たちを中心に起こったこと。小泉さんはその若者たちの行動に、ツイッターで「いいね」をした。たったそれだけのことで家の前に雑誌の記者が待っていて「怖いな、こんなことになっちゃうの？」と思い、また時間が過ぎてしまった。

そしてコロナ禍に。映画『なぜ君』での小川さんの生き方を見て、さらに「申しわけない気持ち」になり、「何か私にできることはないか？ 私の仕事や立場の中で何かできることはないのかな？」と考えるようになって、今に至った。

小川さんのインスタグラムは、中川正子さんの写真とSNSチームの努力によっておしゃれに

ああ、それで、この件を引き受けてくれたのだ、小泉さん。

実はこのインスタライヴ企画、小川事務所に頼まれたものではない。先日、私を訪ねて、そして「小川さんをこの目で確かめたい」とわざわざ島根から高松まで電車でゴトゴト3時間半もかけて来たシンガー・ソングライターの浜田真理子さんが小泉さんと友達で、

「インスタライヴを小川さんとやってみれば?」と、高松に来た日の夜にLINEで小泉さんに勧めたことが発端。真理子さんがすぐに私も入れたLINEグループを作ってくれて、ワイワイ3人で盛り上がり、勝手に企画(笑)。それで私から小川さんの秘書の八代田さんに「小泉さんとインスタライヴやりませんか?」と持ち掛けた。

小川さんの今回の選挙、いろんなことがボランティアの手で進められていると書いたけど、これもその一つだった。選挙は私たちのもの、私たちが作るんだよ!を実践してみたんだ。ああ、楽しかった。緊張したけど。

私はどうも人から「あまり緊張してるように見えない」と言われるのだが、めちゃくちゃいつも緊張している。というか、小川さんと小泉さんとインスタで話す、なんてことを自分がする、そのこと自体が「ありえない」んだから。「ありえない」を「あたりまえ」の顔をしてやるんだから。私が感じていたプレッシャーを、ちょびっと分かってもらえたら嬉しい。

とはいえ、小泉さんにも、それはもっと大きかったはず。社会的/政治的発言をすることを始めたとき、様々な反応にさらされ、もちろん中には手ひどくバッシングしてくるものや、いろいろ反論もたくさんあったそう。その数は計り知れない。でも、「私は黙っちゃいけないんじゃないか」と決意し、前に出て行く方がいいと考えた。たとえバトルっても、政治のこと、話したらいい、どんどんと、って覚悟した。今回のインスタも、「選挙期間中」に、「特定の候補者への支持」を明らかにすることで、それには小泉さんの立場を考えたらとんでもないリスクも予想されるわけで、その腹の括り方がすげぇ〜。私のプレッシャーなんて、それの前に置いたら、実にチビっちゃい。

そんな小泉さんの覚悟を、小川さんは「そういう人をリーダーって言うんですよね」と言った。風圧の強いのを覚悟して、船のへさきに立つ人だと。頭にディカプリオ@タイタニックが思い浮かんでしまった私は、バブル世代です。

そして選挙の話に。小川さんは2千票足りなくて、前回の小選挙区で負けた。そのとき5千票の白票があり、それの重みを4年間ずっと背負ってきたと感じている。だから死票は一票もないと。選挙に行くこと、みんなが投じたその一票一票に意味が生まれるんだという。

とはいえ、選挙に行く習慣がなかなか根付かない日本。親だって子どもになかなか教えられない。小泉さんは「いろんな大人が関われるといい」と提案する。地域社会で大人が子どもに教える。自分のような人間が、若い世代に伝えていきたいと。普通に政治をおしゃべりしたいって。

それで、「政治の話をタブーにしない文化を作るべき」って小川さんが言うので、私がいつも書いてるように、間違っていいから政治の話をすればいいんだよね〜って言ったら、小川さんが「政治の話に間違いはない。あなたの選択はたったひとつの尊い選択であるという事実だけで、そこに正解も間違いもない」と言う。おおおっ！　それ、自信になる。そして、「自分が信じる候補に投票するのは間違いじゃない」と小泉さんも言う。

うん、そうだ、そうだ。自分がこの人だ！と思う人、その人に投票すればいいんだ！

さらに小川さんが「永田町にかっこい～って子どもたちが憧れる人が増えればいい。そういう世界になってほしい」と言うと、小泉さんは「野党の中にはすばらしいキャラクターの方々が増えましたよね。女性もスパッと切り込む。森ゆうこさん、田村智子さんとか、見てて、同性なので、イエイッ！となります。でも、小川さんもそうです。ズバッと言ってるときはイエイッ！と言ってます。ひとりの同じ人間、同じ場所に生きてる人として政治家を見られるかが大事だと思います」と話した。

それ、分かる～～～！　私も政治家は遠くて、人間の形に思えてなかったのが、小川さんを知ったことで、政治家が人の形に思えるようになった。そして今は特にそう思うためのチャンスだ！　選挙で政治家が路上に出てる。今なら話せる、生きてる姿が見える。みんな、外に出ようよ！

小川さんは、スーパー前での青空対話集会に小学6年生7人が自分たちだけで来てくれて、話を聞いてくれたことがステキだったと自慢していた。それ自体が希望だ、って。この社会を信じてはいたけど、捨てたもんじゃないって。

小川さん、熱く語る。

「人間の善なるものが循環している。人間はいい人と悪い人が二種類いるんじゃなくて、みんなの中によきものと利己的なものが同居してて、リーダーの役割はすべての人から、よきものを引き出すこと。社会が善で満たされた時の可能性は計り知れない。それを思うと、根拠なくやれるはずだし、やるべきだし、やらなきゃ、という気がしてくるんです」

その話から今度は小泉さん。

「政治家の人は自分たちの代わりに仕事をしてくれてるけど、感謝はしても、自分たちよりエラいと思わないことが大事ですね。自分は自分の生活や仕事を責任もってやって、自分ができないところをお任せして、次に誰がリーダーになるかわからないけど、その人が信頼できる人なら、その人のために動く瞬間があるかも」

うんうん、そうだそうだ。みんなが少しずつ動けばいい。前へ進めばいい。みんなが自分の進める距離を少しずつで。

と、こっからまた小川さんの数字頭がゴゴゴッと動いた（ときどき作動します）。

「ひとりが一歩、仮に1メートル進んだら、1億2千万メートルってすごいでしょう？12万キロだから、地球を3周ぐらいできる」

負けずに小泉さん。

「ひとりが一粒ずつお米を持ってきたらすごいご飯ができる」

「次、和田さんの番！」と小川さんが私に急に振るから、「ひとりが一回四股を踏んだら

青空の下の小川さん（これも中川正子さん撮影）

〜」とすもう例えしたのに、スルーされた。くそぉ。

それでもなんでもかんでも、みんなが少しずつ少しずつ前へ進み、やれることをやろうと選挙に政治に参加していけばいい。それはやがて大きな力になる。

ひとりの一票も、同じだ。一票は小さくない。大きい。そして、「その一票はお互いに、同じ時代に生きる者同士が預け合ってるもの、自分のために、誰かのために投票しようよ」と小泉さん。

そうそう、誰かのために投じる一票と考えたら、誰かのために動くと考えたら、力って湧きません？　自分のためとなると、あんまり力が出ないときあるけど、誰かのためとなると、にわかに力が湧いてくる。

話は最後に、そんなことにつながった。なんか、とってもいい1時間だった。打ち合わせなんて、ＬＩＮＥでチラッと。小川さんとも3分しかしなかった。でも、たぶん、私たち、同じ方向を見てるんだよね～（勝手に決める）。だから、打ち合わせなんて、いらなかったんだ～。

最後に小泉さんが、「小川さん、青空が似合うんですよ」と言った。青空の下の小川さん、事務所でもポスターになって貼ってありました。中川正子さんが撮影のすばらしい写真。

この青空をもっと見たいです、と小泉さん。小川さん、私たちに青空、たくさん見せてくださいよ～。

同日午後9時

「政治の話なんてしちゃダメ」をひっくり返そう

鼎談　小泉今日子×和田静香×小川淳也

小川淳也公式インスタグラムで「和田静香さんとスペシャルゲストの小泉今日子さんが小川淳也にいまききたいこと」がライブ配信されました。動画は2万回以上も再生され、ネットニュースに取り上げられるなど、投票日直前に大きな話題を呼びました。びっくり！

小川　今日は配信にご参加いただいてありがとうございます。お隣は和田静香さんです。今日は仲良くいきましょう。

和田　ね、バトルはやめて（笑）。

小泉　（少し遅れて）こんばんは。

和田　今日子さん、こんばんは！

小川　小泉さん、このような機会をいただきありがとうございます。今ちょっと声が野太くなってしまっているのですが……。

小泉　毎日YouTubeで拝見していますけど、お二人ともほんとにお疲れでしょう。今日は労いたくてやってきました。

小川　もったいないお言葉です。本当にありがとうございます。

和田　小川さんを労ってあげてください。

未来を夢見ることができた世代

小泉　私は1966年に生まれて高度成長期を眺めながら育って、未来に夢を見ることができた世代なんですよ。子どものころは誰かに任せていればきっと豊かな、すてきな未来が来るんだろうと思っていたし、生まれて20年ぐらい経つと今度はバブルの時代が来て、あんまり何かを疑うということをしないままで生きてきたと思うんです。そのせいか、私たちの世代は政治や社会に関心を持つということをし忘れていた気がしていて、今すごく反省してるんですよね。

小川　すごくわかります。

小泉　数年前に「憲法を守れ」って若い人たちがデモをしていたのをSNSで見ながら、申しわけない気持ちになって「いいね」を押していたら、翌日、雑誌の人が家の前で待ってて、「なぜいいねをしたんですか?」って。

小川　2015年安保法制のときですね。

小泉　そうです。そのとき「こんなことになっちゃうの?」っていう怖さも感じてしまって、表立った行動はしづらいなと思いました。それからまた時間が過ぎて、コロナ禍が来るわけですけど、小川さんが被写体になられた映画『なぜ君は総理大臣になれないのか』を拝見しました。そのときに、私がのほほんとしていた同じ時間を、私より少し年下の小川さんがこんな風に生きてたんだ、って思ったら、さらに申しわけない気持ちでいっぱいになってしまって。

それで、私の仕事とか私の立場から何かできることはないのかな、って考えるようになって、今に至るんです。

小川　このあいだ、坂本美雨さんともそういう話になったんですけど、80年代は深い歌はあんまりなくて、明るくて楽しくて、ということだけで済んだ時代だったと。でも最近の歌謡曲って思索が深いじゃないですか。やっぱりどこかに時代の変わり目があったんだろうなと思うんですね。僕が大学生ぐらいのころから「この社会はこのままじゃもたないな」ということをなんとなく感じ始めて、その正体が何なのかをずーっと考え続けた20年、30年でした。和田さんには言うんですよ。僕はここまでたどり着くのに30年かかったけど、和田さんは8か月で来てるって。

和田　濃密すぎる8か月でした（笑）。

リーダーのあるべき姿

小川　小泉さんは検察庁法のときも勇気ある発言をしてくださいましたけど（※1）、あれもひとつの戦いだったと思います。著名な方ほど政治的、社会的なことと一線を画される気持ちも分かるし、一方でおっしゃったように社会のありようにはそれぞれ責任もあれば、特に著名な方は影響力も大きいので、もうちょっと外国みたいに、発信や発言があって当たり前の世の中になると、息苦しさがなくなる気はします。

小泉　私は今、舞台や音楽イベントの制作会社をやっているんですが、コロナ禍で何本も公演が中止になったりとか、いろいろあってステイホームしてたんですけど、

SNSを覗いて、みんなすごく憤っていると感じたんです。ただでさえ不安を抱えているなかで、コロナの情報にしろ、その前の赤木さんのこと（※2）にしろ、はっきり知りたいことを教えてもらえないことですごく鬱憤が溜まっているし、自分もそうだなって。そう思ったときに、何か風穴を開けるというかガス抜きというか、そういうことができたらいいなと思って「私も勇気を出そう、覚悟しよう」みたいな感じで。

小川　逡巡して決意されたんですね。

和田　何か悪いことは起こりましたか？

小泉　やっぱりたくさんの反応がきました。私たちはそういう仕事をしてるから当然だと思うんですけど、同じような仕事をしていて同じような行動をした方たちがワーッと責められたりしたのも見ていて。私は50代だし、やりたいことはやり尽くしてきたところもあるので、自分だけは黙っちゃいけないんじゃないか、それくらいは耐えられる、と思ったんです。

和田　すごい！

小泉　自分と違う意見もたくさん目にして、批判だけじゃなくて、もっと冷静に考えて自分のこととして発信できればいいのかな、とかも考えましたけど、前に出ていったほうがいいんだろうな、とは思いました。私と同じ考えの人がそうじゃない人とバトルしたりもしてましたけど、今までそういうことが少なすぎたような気もして。

小川　そういうことなんですよね。お話を聞いていて、小泉さんのような人をリーダーと呼ぶんだなと思いました。背中にいろんな人の思いとか願いを感じながら、いちばん風圧の強いへさきに立つ人。

こないだ僕と同い年の50歳の女性から、子どもさんの学校でトラブルがあって、先生も教育委員会も親身になってくれなかったとうかがったんです。そのとき感じた先生方の保身や事なかれ主義は、まさに国会や中央政府の動きを見てずっと感じていたことだったと。遠い話だと思っていたことが自分の目の前で起きて、自分と子どもの人生に大きな影響を与えていることに気づいて、初めて「投票権を行使しなきゃ」と思ったそうなんですね。「小川さん、私、ここまで来るのに50年かかりました」と。すごいストーリーだなと思いました。

本当は、個人の人生は社会と切り離せないんですよね。それを実感したり想像したりする機会が少ないだけで。投票率が80%を超える北欧諸国では、自分たちの政治参加で社会がどう変わり得るかを学校でも家庭でも徹底的に教えるんですよ。投票率が高い国って、権力にとって国民が脅威なので、必然的に政治が健全になる。

小泉　うんうん。そうですよね。

選択に「間違い」はない

小川　日本はどうかというと、学校では政治はタブー視されてるし、家庭でも政治の話はおっかなびっくりだし、親は子どもに「政治の話なんかしちゃダメ。変わった子だと思われるよ」と言いかねない。18歳になると突然「投票に行きましょう」って言われるけど、なぜそうするのか、どういう意味があるのかを理解する素地がないんです。だから50年かかるんですよ。

和田　私なんか56年かかりましたよ（笑）。関心はあったけど、それをどうやって理解や具体的な行動につなげていったらいいかがわからなかった。

小泉　「なんか腹立つなぁ」と思ったとしても、具体的に何をどうすればいいかわからなかったり、いざ投票に行っても、望むような結果にならなくてあきらめちゃったり。

小川　僕は4年前の選挙で2千票差で負けたんです。でもそこには5千票の白票があったんですよ。その5千票の白票の重みを、4年間ずーっと背負ってます。落選した候補に何票入ったかっていうのは、当選した人にとってもすごく意味のある数字なんです。意義があるから投票に行くんじゃなくて、投票に行くと意義が生まれる。そう考えれば死票って一票もないんですよね。それも含めて、子どものうちからその意味とか意義を教えて、それで社会に巣立っていくというのがベストだし、そういう社会にしたいんですよね。

和田　今は親や先生も教え方がわからないから、全然そこに至らないですよね。

小川　大人の僕らもそういう教育を受けずに育っているので、どこかでこの負の連鎖、悪循環を断ち切らなきゃいけない。

小泉　親とか先生以外にも、いろんな大人が関われるといいですね。危ないことも多いから難しいのかもしれないけど、私はすごく若い人と仕事をする機会もあるから、ちょっとずつそんな話を聞いてみたりとかもしてます。普通に大人同士として話してみると、意外と考えてる子がいたりだとか。

小川　恋愛や趣味の話と同じように、政治や社会の話だってしていいですよね。決してタブーじゃないし、話し合ってこそなんだ、という文化。

和田　私がよく書いてるのは、政治の話って「間違えちゃいけない」って思っちゃうけど、間違えてもいいって……。

小川　「間違えてもいい」じゃなくて、「間違いはない」んですよ。あなたの選択がたったひとつの尊い選択である、という事実には正解も間違いもない。

和田　それ、初めて聞いた。

小川　そういうことも含めて、鎖から解き放つことが必要だなと思うんです。

マスメディアと政治

小川　コロナ禍でイベント関連のお仕事の方とか、アーティスト、クリエイターの方は、この1年半でもっともわびしい、切ない、つらい思いをされた可能性があるなと思ったんですけど、小泉さんもビビッドに実感されてるんじゃないですか？

小泉　今はだいぶ緩んできましたけど、上演できても50%のお客さんしか入れられなくて、でも劇場費は下がったりしないので、なかなか厳しかったと思いますね。それでも劇団は団結できるでしょうけど、プロデュース公演だと、出演者にギャラも払わないといけないし。役者さんも、年に1～2本の演劇をやるために、それ以外の時間は飲食店でアルバイトをしてる方がたくさんいるんです。舞台もないしバイトもできないしで、田舎に帰ったって話も聞きますし、かわいそうでした。音楽関係でも、この1、2年でデビューしたアーティストは、人前で音楽をやる経験がほぼないって聞いたりもしますし。配信に移行したり、みんななんとか頑張ってましたけど。

小川　芸能人やスポーツ選手も、平和な日常が奪われると真っ先に打撃を受けるお仕事と言えますよね。だからこそもっと自由に発言していいはずですし、それが当たり前の権利だっていう社会になればいいのにな、と思います。

小泉　私も40年ぐらいこの仕事をしていて、マスメディアは自分にとって職場だったわけですけど、今はテレビを見ても選挙のことなんてほとんどやらないし、ちゃんと伝えてくれないんだなって。ちょっと疑心暗鬼になったりもするんですけど、そういうことに対して「ごめんなさい」という気持ちにもなるんですよね。

和田　あー、自分がその世界にいるから。

小川　その感受性に感動します。大島監督の映画を予想以上に多くの方が見てくださって、そのご縁で、これまでほぼ皆無だった芸人さんとか音楽家の方と少なからず接点ができたんですね。それで、タレントと呼ばれる方々の感性の柔らかさとか繊細さとか表現力はやっぱり圧巻だなと思いました。ということはおそらく社会や政治のことも、表現はしないけどすごくビビッドに感じてらっしゃるんじゃないかな、と。逆に永田町には、そういう感性の柔らかい人、努力をしてる人、正気を保ってる人というのがあんまり……。

小泉　フフフフ。

小川　ミュージシャンの方とか、みなさ

和田　ハハハハ。わかります！

小泉　小川さんもそうですよ。ズバッと言ってるときは私も「イェイ！」って言ってます。ひとりの同じ人間というか、同じ場所で生きている人として政治家を見られるかどうかが今、すごく大事な気がしてて。

和田　そうですよね。私も政治家ってイヤなロクでもない生き物だと思ってましたから。いる場所も遠いから、人間の形にさえ見えてなかったんですよね。でも小川さんひとりを知ったことによって、政治家も私と同じ人間で、同じように息をしてごはんを食べて、それぞれの事情や考えでもって行動してるんだなって、想像が働くようになったというか。政治家を知るってすごく大事で、選挙期間中はそのチャンスですよね。路上で簡単に会えるし、話しかけるんひとことで言うとかっこいいんですよね。生きざまとか感覚、感性がにじみ出てる感じで。そういうすてきな人が永田町にもっといれば、ずいぶん政治のイメージも変わるし、スポーツ界のイチローさんや大谷翔平選手みたいに、子どもたちが「ああなりたい」って憧れるようになるのにな、なってほしいなと思います。

小泉　でも、国会中継を見てると、野党の議員さんにはなかなかすばらしいキャラクターがいらっしゃると思いますよ。女性も、スパッと切り込んで気持ちいい方がいっぱいいらっしゃいます。

小川　大阪のお姉さん（※3）とか？

小泉　大阪のお姉さんとか（笑）、森ゆうこさん、田村智子さんとか。見ていると同性なので「イェイ！」って気分になります。

こともできるし。みんな意識して臆さずに「ちょっとちょっと」って話しかけてみることもすごく大きな一歩だと思います。

政治家と自分は対等な存在

小泉　小川さんだけじゃなく、政治家の方たちも私たち一般庶民も、機嫌が悪いときだってあると思うけど、困ってる人がいたら声をかけたりとか、転んじゃった子どもがいたら起こしてあげたりとか、そういう利他的なことが人間って本来、得意なんじゃないかと思うんですよね。

小川　そのとおり。だからこそ、国の責任ある人がとても利他的には見えない発言や行動を重ねると国民の心が傷つくというか、利己的に行動しないと損をさせられる、干される、冷や飯を食わされる、みたいなカルチャーが浸透することがいちばん怖い。

小泉　そうですね。「誰も聞いてくれない」って諦めちゃうとか。

小川　「正直者はバカを見るんだな」とか「長いものには巻かれとかなきゃ損なんだな」とかみんなが思い始めたら、その先にある社会って、本当に空々しくて怖い。だから責任ある、指導的立場にある人間の倫理観はすっごく大事なはずなんです。

和田　みんな真似しますからね。っていうか、その空気になっていっちゃう。

小泉　どんどん伝播していっちゃうのは怖いですよね。だから政治家の人は、もちろん自分たちの代わりに国のお仕事をしてくれるから感謝はしたいけど、自分より偉いとは思わないです。

和田　そうそうそうそう。

小川　理想的です。ベストです。

和田　私、自分のほうが偉いぐらいに思ってる（笑）。

小泉　政治家と庶民が同じところに立って、私は私の生活や仕事を責任を持ってやって、自分ができないところをお任せして。次のリーダーが誰になるかは分からないけど、もし信頼できる人だったら、その人のために私が動く瞬間もあると思います。

和田　みんながそう思ったら本当に変わりますよね。

小泉　誰のために投票するのか。もちろん自分のためだけど、自分のためだと理由が見つからない人は、例えば自分の将来の子どものためでもいいし、大好きな人のためでもいいし、大好きなスターのためでもいいし。誰かのためにも行動できることだと思うんです、投票って。とにかくやっぱり投票してほしい。都議選のときがっかりしたんですよね。けっこうムードがいいと思ってたのに、投票率がすごく低くて。

和田　がっかりした。そうそう。

小川　もし野党がすごく魅力的で信頼感があれば、また状況が違ってくる気がするんです。あのときによく聞いたのは、「与党はイヤだけど野党も大差ない」という声でした。積極的に投票に行こうという気になれないと。やっぱり僕らがもっと魅力的で、信頼に足る、頼り甲斐のある、そういう存在になれたらな、ならなきゃいけないな、という気もするんですよね。でもまぁ、そうは言っても言い訳せずに、自分の責任で、とにかくしのごの言わずに一票は投ずるという社会にはしたいですね。

和田　間違えてもいいしね。

小川　間違えてないんですよ。

和田　あ、そうそう。同じことを何度も（笑）。

小川　この繰り返しだったんですよ、小泉さん。和田さんとは面と向かってバトルした経験しかなかったので、今日は初めて横に並んで、圧を感じました（笑）。

小泉　フフフ。今日は私が労いたかったんですが、楽しんじゃってすみません。

小川　とんでもない。選挙戦10日分の疲れがとれました。

小泉　あと2日ですからね。

小川　はい。悔いのないように、みんなと頑張ります。

和田　私もチラシ撒きます。

小泉　チラシじゃなくて、ビラでしょ（笑）。

小川さんはすごく青空が似合うんですよ。SNSの写真で小川さんの姿の向こうに青空があると、なんだか涙が出そうになるんです。この青空をもっと見たいです。

小川　私もスカッとした青空の日本を見てみたいです。頑張ります！

小泉　頑張ってください！

構成：高岡洋詞

※1＝2020年5月、検察官の定年延長を可能にする検察庁法改正案への抗議がツイッターで盛り上がった際、小泉さんもハッシュタグ「#検察庁法改正案に抗議します」つきで精力的にツイートし、注目を集めた。

※2＝社会問題化した森友学園への国有地売却をめぐる決裁文書の改ざんを苦に、財務省近畿財務局の職員だった赤木俊夫さんが2018年に自殺。妻の雅子さんが「真実を知りたい」とたびたび働きかけたが、財務省や人事院は関係文書を黒塗りで開示するなど、不誠実な対応に終始した。

※3＝辻元清美・元衆議院議員のことと推測される。

10月29日（金）晴れ

自分をあきらめたくないから香川に来た

●小川淳也本日のスケジュール

時間	内容	備考
7：40～8：15		高松港
		土庄港
⬇		
8：20	青空対話集会	渕崎交差点
⬇		
8：40	遊説出発	
⬇		
9：00	青空対話集会	草壁交差点
⬇		
9：20	遊説出発	
⬇		
9：40	朝礼	小豆島国際ホテル
⬇		
10：00～10：30		土庄港
		高松港
街頭場所に向かって移動		
11：00～11：30	青空対話集会	マルナカ栗林南店前
⬇	街宣	鶴尾中・太田中
14：00～14：30	昼食	事務所
⬇	街宣	龍雲中
16：00～16：30	青空対話集会	パワーシティ レインボー店前
16：30～17：00	自転車街宣	パワーシティ レインボー店前 ～ 観光町交差点
⬇	街宣	屋島中
18：00～18：30	商店街街宣	ライオン通 ～ 片原町
⬇	街宣	勝賀中
20：00	終了	事務所

午前中の青空対話集会に集まる人々

疲れ果てて日記がどうも書けず。いったん寝て、朝4時に起きて、今（30日朝）書いている。しかし、なかなか進まない。

29日は午前11時の青空対話集会に間に合うように慌ててホテルを出た。それから、あちこち街宣へと移動し、事務所でも雑用のお手伝いをしながら過ごし、かなりヘトヘトになってホテルに戻ったのが夜8時。とりあえず洗濯しなきゃ、明日着るものがないわ、と階上のランドリー室に行って洗濯物をぶっ込み、部屋に戻ってシャワーを浴び、ＬＩＮＥやらメールを送り、そして椅子に座って、ふと思った。

私はなんでここにいるんだっけ？　どうして私はこんなことしてるんだっけ？

10月18日に高松にやって来て12日目。朝11時の青空対話集会は高松市の真ん中にある栗林公園そばのスーパーの駐車場の前あたり。今回、小川さんの青空対話集会はスーパーの前が多い。ほとんどが、そう。

また、青空で、けっこう暑かった。

午前中の集会にはお年寄りが多くて、私が話した女性は80歳を過ぎていた。うちのオカンと同年代っぽい。「ここからは遠いの。バスは2時間に一本しかなくてね」と、あらら、やっぱりけっこう不便なんだなぁと聞いて思ったけど、「小川さんがここでやるって昨日聞いて、あわてて来たのよ」と嬉しそうに言う。彼女と一緒にいた同年代の女性はもう期日前で小川さんに投票したと言うけど、「私はまだ。当日に投票するの。小川さんに入れるのが楽しみなの」とニコニコする。〝小川さんに入れるのが楽しみ〟って言葉にキューンとした。そんな候補者を持てるって、すごい幸せなことだ。

そんなに小川さんを応援してるなら、「じゃ、挨拶しましょうよ」と誘うと、「いやっ。いいのよ。いいっ」と急に後ずさる。照れているんだろう。「せっかくだから」としつこくすると、駐車場の車の陰に隠れようとする。「いやいや、じゃ、近くで顔見るだけでも」と私もしつこい。何度かやり取りがあり、女性は「じゃ、ちょっとだけ」と、やっと車の陰から出てきて、ひょこひょこ歩いて街宣車の方に行く。挨拶してる人たちの列に一緒に並び、女性の番になった。「小川さん、○○からバスでわざわざ来てくれたんですって」と伝えると、「ありがとうございますっ！」と、ぺこりっと腰を折り曲げ、そのままの低い体勢で小柄な女性と目線を合わせる小川さん（きっと腰、痛いはず）。それから二言三言、会話する。たわいもないことだ。お身体気をつけてとか、あなたをずっと応援してるのよとか。でも話し終えた女性は「ああ、冥土の土産ができたわ」と感無量な感じで言い（その言葉って本当に使うんだね）、「ありがとう」と私にもお礼を言う。とっても嬉しそう。良かった！

握手するとか、ひとこと話すとか、ドブ板の選挙。以前の私はその意味合いをあまり理解しないで、ずっとバカにしてきたけれど、高松に来てからそれは変わった。政治家、候補者と少しでも触れ合うことは、政治への入り口になりえると思っている。政治家という遠い存在が、実像になる。そこから先どう開けて、どう広げるかは、実は政治家がどういう政治をするかによって変わっていくんだと思う。こっから先は小川さん次第だ。

おばあさんとはもうちょっと話もしてみたかったけど「じゃあね」と帰って行かれた。それで、私はその現場で知り合った、みゆきちゃんの車で小川事務所に一緒に行くことにした。

「日本をなんとかしなきゃいけないと思う」

車中、とても初めて会ったとは思えないほどの気の合いっぷりで、みゆきちゃんといろいろなことを話した。とても聞き上手な方で、私の話をいっぱい聞いてくれる。そうそう、私は誰かに話をしたかったんだ。ずっと。

8月末日に本が出て、それから2か月の間に、私の毎日はこれまでとは一変した。会社に働く人もこういうこと、あるだろう。大きなプロジェクト長に急に抜てきされ、これまでやったことないことを次々任される。迷うヒマもない。そういう感じだ。お盆に本が校了したときには「さて、バイトを探さなきゃ」と思って、近所をウロウロして見つけた配送バイトの詳細を写メしたりしていたのに突然、次々にインタビューやら対談のオファーを受け、いろいろな人に会った。今までやったことがないことをやり、今までの私ではない私でいなければならない。

前の晩、インスタライヴの直前に「和田さんはもう今までの和田さんとは違う所に立っていることを自覚しないと。どういう視点に立って物事を見るのか、話すのか、きちんと考えないといけないと思う」と小川さんに言われ、それは本当に実感しているからこそ難しいと思って、「私はそれに心がなかなかついていかない」と答えた。

みゆきちゃんと私（これは午後の集会）

本が発売された直後の私は、時給が最低賃金のバイトで食いつないできた悲しみの鬱々50代ライターという立ち位置だった。そこからわずか2カ月の間に多くの人に本を読んでもらい、「話題の本」「話題の人」

などと言われる。えっ？　それは何の本？　誰のことですか？と、問い返したい気持ちで満々なのに。

こちらに来てからは会う人ごとに「本読んでますよ」と言われ、どれだけ本にサインをしてきたことか。それは本当にすごいことで、ありがたい。

高松に着いた当日にはトークイベントをやり、出陣式やインスタライヴもやった。こうして、日記を毎日書いて、大勢の人が読んでくれてもいる。以前も自分のnoteとか書いていたけど、そんなの20〜30人が読めばいい方だったのに、今はその100倍以上の人が一日で読んでいる。

すべてがものすごいスピードで動いて、あらゆることがずいぶん昔のように思える。怒涛の日々。小川さんの指摘するとおりに、違う視点が求められる。大して実力もないのに、たまたま番付運で幕内力士になってしまい、あわてて四股を踏んでいる。負けが込んでも、土俵から降りるわけにはいかない。一日一番、すもうを取るだけ。

これから私はどこへ行くんだろう？　まったく分からない。分からないけど、思い出した。ここに来た理由、そもそも本を作った理由も。そうだ、私はあきらめたくなかったんだ。自分自身のことも、日本のことも。日本をなんとかしなきゃいけないと思う——友達のユキさんに、家の近所の公園でそう言ったのは今年の春のことだ。だから本を作ってるんだって言ってのけた。いろいろなことが怒涛のように動いて変わってきたけれど、その根本は何も変わっていない。私は日本を変える。あきらめない。あきらめたくない。そのために、ここに来た。だって私は主権者だから。この国は私たちが変えるんだ。小川さんが街頭演説で言っていた。「みんなで作ってきた社会はみんなで変えよう」。今日もその声に応えるよう、自ら手を挙げ、発言をする人たちがいた。

夕方16時からの青空対話集会でも、オガココのボランティアがマイクを持ち、自らの苦しい経験から、社会や政治を変えたい！という思いを語った。私たち主権者が自ら考え、動く「新しい選挙」が育っている。

そして、小川さんが私に言った「自分が今までとは違う場所に立っていること」は今、誰より小川さん自身が自覚してることは間違いないだろう。日々の街頭演説を聞いていたらすぐ分かる。前とは違う覚悟を決め、この国のリーダーたらんとしている。この国を私たちと一緒に変えていく決意を言う。

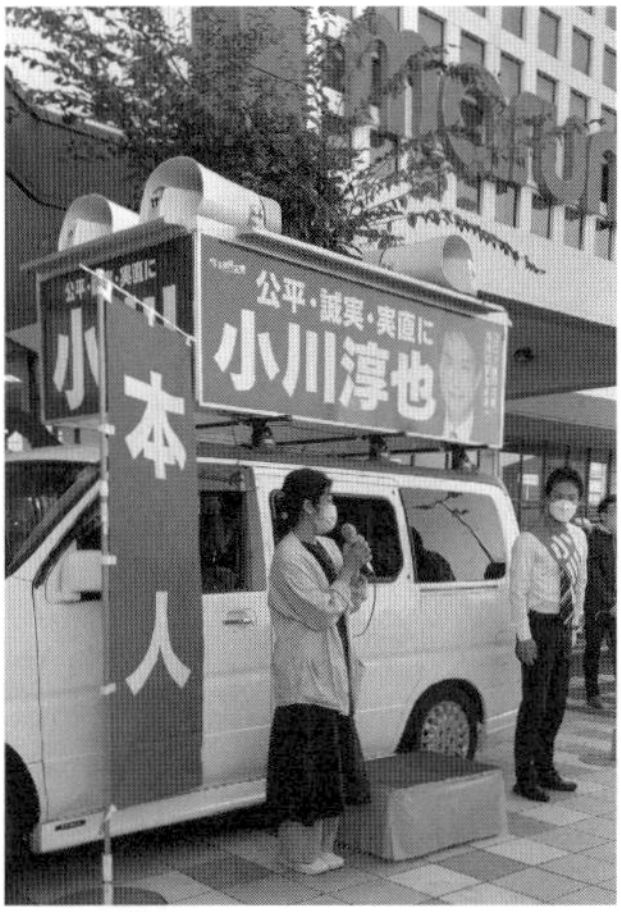

マイクを持つボランティアの方

だから、過酷な選挙の日々も乗り越えていく。29日は朝いちばんの高速艇に乗って小豆島に渡って、すぐに戻ってからのスーパーでの青空対話集会。それから車で街中を走って、

ドブ板な練り歩きはかかせない

やっと少し休んで、またスーパーで集会を開き、自転車で街中を走り、夕方18時から商店街を練り歩いた。

小川さんが私に以前、話してくれた言葉を思い出す。

「僕もそうだけど、あきらめないやつには敵わないし、あきらめないことが唯一できることだし、あきらめないかぎり勝負は続いてるね。どんなにうちのめされても、どんなに失意の淵にあっても、あきらめないやつには敵わないよね。あきらめないことだけが唯一絶対とは言わないけど、唯一できることだね」

選挙期間もあと一日。あきらめたくない。

オマケ

練り歩きをしていたライオン通り商店街、昭和っぽい雰囲気でお気に入り。私も勝手に練り歩いております。俗に、買い物と言います。

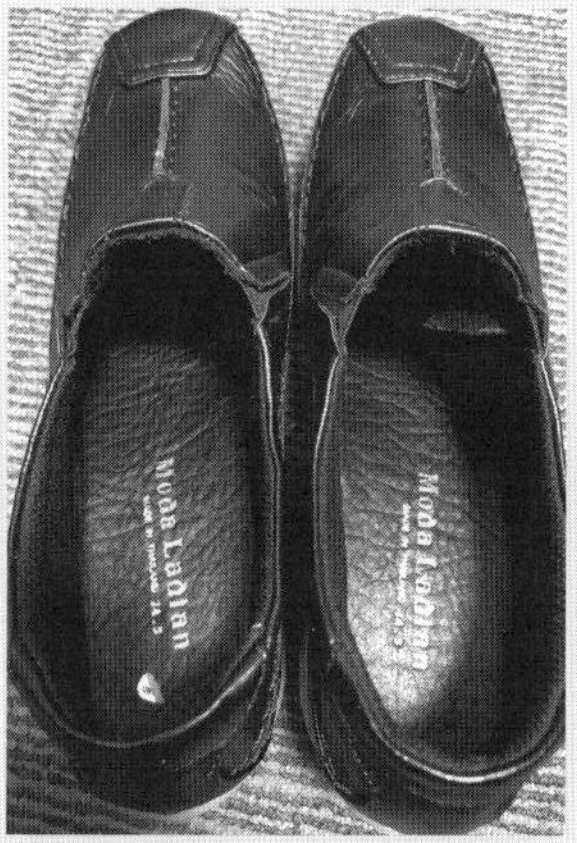

靴を買った。大雨の日からずっと履いていたスニーカーの中敷きがグズグズになり、つらかったのだ。「最後の一足で箱もなくてたたき売りなのよ」って明るいおかあさんが売ってくれて。1500円！

……さて。日記を書いている今日（30日）は選挙運動最終日。夜の「マイク納め」（って言うらしい）が終わってからもう一度日記を書きますね。

同日午前11時

「これって私のせいですか？」その不安を何とかしたい

青空対話集会　小川淳也

スーパーのマルナカ栗林南店前で、小川淳也さんによる「青空対話集会」が行われました。青空対話集会とは、対話型の街頭演説のこと。小川さんの演説のあと、集まった人たちの声に耳を傾け、対話を重ねていくというもので、この選挙期間中、ずっと行っていました。

文字どおりのよく晴れた青空のもと、カートを握ったまま立ち聞きする市民や、和歌山や神戸など、演説を聞くために県外から来たという人々の前で、小川さんはマイクを握ります。

みなさまこんにちは。なにかとご多用の中、本当にありがとうございます。ずいぶん距離が近いですよね。取って食べたりしませんので、ご安心いただければと思います。

ええ天気になりました。選挙期間中、ひとりでもようけの方にお目にかかって、思いを伝えさせていただいているんですが、それ以上にいろいろとお預かりしたい。みなさまの思いをお聞きしてこその選挙。お互いの「対話」が選挙の本質であり、いちばん大事なことだと思っております。

昨日、選挙演説のために今里のスーパーに行ってきたんですけど、なんと、小学6年生7名、その場に来てくださったんです。ほんで、「お父さんお母さんと来たん?」って聞いたら、「違います。学校から帰ったら、おうちにチラシがあったから」って言うんです。チラシを小学生が手に取って、「近くのスーパーに小川さんが来るんだなと思って、友達に声かけて、自分たちで来ました」と。これまあ、本当にロマンチックやなあと思って。わかります？　ここから感じるロマンというか、希望というか。すごい嬉しくて。

この世代に対して、胸張れる大人社会でありたいなあ。そのためには、「庶民の間から根を生やすようにうまれてきた政治を、この国に作らないかんのちゃうか」と、すごく感じているんです。長らく続いた安倍さんの一人天下、4年ぶり

の選択の機会。私たち国民は、どれだけ国会で、大人たちが嘘をつく姿を見せつけられてきましたか。偽りがまかり通る世の中を、残念ながら作ってきてしまった。これは野党にも責任があります。もっと頼りになるまとまった野党があったら、こういう政治状況にはなってないはずです。

今日行った小豆島で、「ものすごく子どもにようないねん。見せられんねん。小川さんそれ、はっきり強調してよ」と言われたんです。今の政治は、私物化と都合のいい言葉ばっかり。誤魔化し合う層を一生懸命手伝えば出世していく。こんな世の中を放置したら、誰だって「正直者は日本ではバカを見るんかなあ」「長いものには巻かれないかんのかなあ」「正しいことより、都合のいいことが最優先なんかなあ」となってしまう。

だからこそ、「こうした流れも国民は見ていますよ、見過ごしていませんよ、怒っていますよ」ということをちゃんと意思表示していくのがこの選挙の大きな意味合いだと思うんです。

そして、思ったんです。やっぱり安倍さんにせよ、岸田さんにせよ、対抗馬の石破さん、麻生さん、そして進次郎さんにせよ、みんな親やその親が政治家である家に生まれ育った方ばっかりじゃないですか。もしかしたら、日本の特権階級として、既得権の上にあぐらをかいた世襲政治が、この国をこうしてしまったのかもしれない。国民が本当に困っているときに、生活実感や将来不安を共にして

いただけないのであれば、みんなの力でそういう政治を変えていくしかない。

与党がどうとか、自民党がどうとか、正直どっちでもいいんです。だけど、確かに時代が変わってきています。今の日本社会の原型は、基本的に昭和の時代に形作られています。昭和の時代とは人口が増え続けた時代であり、経済成長も著しかった。そして多くの人が、例外なく正社員で、毎年給料が上がったんです。だから、「結婚も子育ても教育も医療も介護も、自分でやってくださいね。自己責任ですよ。自助努力でお願いします」で、やっていけた時代だったんです。

しかし平成の30年、人口は減少に転じました。そしてもちろん、高齢化も進み、正社員は高嶺の花になりつつある時代です。年々賃金が上がるという幻想は、もはや成り立たなくなっています。にもかかわらず、今でも生活に関わるほとんどすべてのことは「自分で頑張れ」と言われ、自己責任だと思い込まされている。そのしわ寄せがいった方ほど、それは時に女性だったり、時に若者や子どもたちだったりしますが、「こうなっているのは自分のせいじゃないか。自分が頑張りきれてないからじゃないか」と追い込まれて、苦しんでいる。

私は、はっきりと、それは違うと思ってる。時代が変わったのに、社会が変われてないことで多くのみなさまが不安と、不満と、そして怒りに苛まれているんです。ほとんどすべてが、社会の責任なんです。

じゃあなぜ、時代は変わっているのに社会は変われないのか。それは、政治が変わっていないからです。これだけ時代が変わっているのに、政治が昭和のまんまなんです。

私たちはいよいよ、問わないかんと思うんです。胸を張れる社会を、これからどう作っていくか。

子どもたちにその背中を見てもらって、自信を持って、次世代にこの社会を引き継いでいく。そのためには、たった一つ、どうしても必要なものがあります。それは、信頼に足る政治です。政治家って、悪の象徴ですよね。嘘つくし、誤魔化すし、私利私欲で私腹を肥やして、とんでもないやつらだ、と思ってしまいますよね。でもそろそろ、その政治家を選んできたのは大人社会だと、ひとりでも多くの方々に気づいていただかないといけない。

そして今、みなさんの手の中に、大切な選択権が握られています。この権利は私物じゃない。お互いがお互いに預け合ってるもんなんです。社会的な権利であり、権限であり、放棄するのも処分するのも自由じゃない。それを行使していくことで、この社会はできてきたし、これから先の社会もまた作られていく。

これだけ申し上げる以上、この代表者、代弁者たらんとする人間は本当に信用できるか。本気で口にしているか。ここに立ってお伝えした言葉に、これから先

も責任を感じ続けるか。どうかそのことを、みなさまに、有権者として、決して甘やかすことなく、厳しく見届けていただきたい。

そして私はその思いに、全身全霊、人生かけて、お応えしていきたいと思ってるんです。とにかくこの国に、新しい政治と、新しい政治家像が現実のものとならない限り、私たちは不安から解消されることはありません。何が何だかわからないままに、「なぜこんなに苦しいんだろう？」と思い続けながら生きていくしかありません。私はそれを何とかしたい。

このあいだ、同年代の男性の方が、「小川さんがその背中に背負ってる荷物、俺らにも一緒に背負わしてよ」って言うてくれましてね。この街頭の一角で……。人間って捨てたもんじゃないなぁと（涙声で）。人間社会って美しいですよ。やっぱりね、人間の中には必ず善なるものがあります。それを引き出していく指導者が、今の時代、求められるんじゃないでしょうか。ぜひそういう役割を、この世の中で果たさせていただきたいと思います。

あの、せっかくですからこの際、「小川に聞いときたい。言うときたい」いうことございませんか？

どうぞ男性の方。

香川1区に住んでます。ずっと応援してますんで頑張ってください。で、小川さんに言いたい。金持ちが金持ちの方に向いてやってる政治を終わらせてください。お願いします。私は就職氷河期のときに社会に放り出されて、現在は非正規です。いつ捨てられるかわかりません。もう40過ぎまして、結婚も家建てるんもあきらめたんですけど。私はもう構わんのです。でも、これから若い人にそういう思いをさせんように、しっかりと声を届けてください。小川さんでなかったらできんと思う。お願いします（大きな拍手）。

ありがとう。ありがとうございます。

いよいよ、大海原へ乗り出して、世のため人のために仕事せないかん。そんな使命感、責任感で胸がいっぱいです。そういう切ない思いをさせてきたこの社会を……、この社会を代表してお詫びしたい。本っ当に申しわけない（深いお辞儀）。これはね、社会の責任なんですよ。でもね、この社会は、みんなで作ってきたものでもあります。みんなで作ってきた社会だから、みんなで変えていけないはずがないじゃないですか。しかしそこには、国民を信頼するリーダーが必要

です。政治が国民を信頼して、国民がまた政治を信頼し返す。そういう、今までの日本社会でなかなか見たことがなかった風景。是非みなさま、小川と一緒に、ここ香川1区から作って参りましょう。

はい、そこの男性の方、どうぞ。

今日は神戸から来ました。このためだけに。あの、まだ30代なんですけど、社会を何とかしないとと思ってたんですけど……ちょっと涙が止まらなくて。でも、小川さんに会えて、僕もあきらめたくないと思いました。今日ここへ来て、本当に良かったです。僕も、小川さんみたいに、政治家になります。

ありがとう（マスクを外して涙をぬぐう）。

非正規の方にはすみません、僕は公務員です。恵まれてます。でも自分のことだけ考えて、子ども3人いますけど、自分の家族のことだけ考えて、この人生終わりたくないんですよね。この社会あきらめたくない。なんで、

もう一回、神戸から小川さんのような政治家を目指して僕も立ち上がりたいです。

すばらしい。本当ありがとうございました。

今すごく大事なことおっしゃって、人間って、自分のために、あるいは自分の家族のために、生きてない人はひとりもおりません。でも、やっぱり人間にとって最大の幸せは、世のため人のために役に立つことです。

そうは言っても、私も何度もあきらめかけたんですよ。長いものに巻かれた要領のいい人たちだけが出世していく。世の中ってこんなもんなんかなあ？　私が思ってきた理想とか、あるべき姿って、もしかしたら全然的外れだったんかな？　そういう絶望ともずっと戦ってきました。でもたった一つ、最後自分のつっかえ棒になったものがあるんです。

それは、自分の子どもに言えるか？ということです。私にも2人の娘がいます。

「もう人のことはお構いなしやで。上の人には媚びへつらって、都合のいいこと言うて、とにかく他人を蹴落として、自分さえ良ければそれでいいんや」娘たちにそう言えるか。やっぱり言えない。それは間違っている。だったら、どんなにあきらめかけようが絶望しかけようが、そこで踏みとどま

らないといけない。決めたらそっから先は、戦うだけです。それは、世の中との戦いでもありますが、最大の戦いは自分との戦いです。自分に負けないように。

あるとき思いました。「なぜ自分はこんなに必死なのか?」と。出てこなかった答えが、やっと最近出た。国民のひとりとして、申し上げたような政治や社会を、見てみたいんですよ。そういう政治や社会をこの国が実現していくその姿を、私自身が見てみたいんです。

だから自分でやろうと思う。そしてそれはひとりではできない。みなさまにとっての安心と、次世代にとっての希望が両立し、広がっていくような日本社会を、みなさまと一緒に作っていける。その喜びや幸せを感じながら、これからも共に歩ませていただきたいと思います。

炎天下で眩しかったですね、ごめんなさいね。さっき女性の方が、「小川さん頑張れは違うと思った。頑張るん私らや」言うてくださって。ありがとう、ほんまに。

それではみなさま、今日は大切なお時間、ご一緒いただきましてありがとうございました。この選挙戦、あと一日半、そしてそこから先がほんまの戦いです。どうぞ末長く、厳しく温かく、一緒に歩んでいただきますこと、お願いを申し上げまして、御礼と決意に変えさせていただきます。

10月30日（土）晴れ
手ぶらでも大丈夫、投票に行こう

●小川淳也本日のスケジュール

時間	内容	備考
8：00	市内マンション街宣	
↓		
9：30		
9：30	自転車街宣	高松中央IC 〜 イオンモール高松
↓		
11：00		
11：00	市内マンション街宣	
↓		
14：00		
14：00〜14：30	昼食	事務所
14：30〜15：00	自転車街宣	選挙事務所 〜 ゆめタウン高松
↓	市内マンション街宣	
18：00〜18：50	リレートーク	ことでん瓦町駅前
18：50	市内マンション街宣	
↓		
19：50		
19：50〜20：00	マイク納め	ハローズ円座近く
20：15	終了	事務所
21：00〜22：00	YouTube生配信	事務所

こうして10月19日に公示された衆議院議員選挙の選挙運動が終了し（深夜12時で終了する。それ以前にアップされた記事などはそのまま掲載していてもかまわない）31日はいよいよ投票日だ。

長いようで短かった12日間。最後の最後になって私はにわかに体調が悪くなり、小川事務所からタクシーでいったんホテルへ戻った。薄着だったのが、いかん！　持参していた葛根湯を飲み、もこもこに着込み、背中にカイロを貼りつけ、夜の最後の街頭演説に向かった。一つ目は「ことでん瓦町駅前」。
　1週間前に平井卓也さんも街頭演説をしていた駅前。小川さんは初日の19日に、やはりここで街頭演説をやっていた。

今日そこは、東京ならいざ知らず、高松ではこれまで見たことがないほど、人、人、人、人がいっぱいだった。選挙運動最終日の高揚感に満ちて、いるだけで、何やら興奮してくる。人のエネルギーって、すごいね。これがあれば、なんでもできる。

ライブ会場のようなことでん瓦町駅前の熱気

　ここに集った人たちの願いは、政治が変わること。政治が私たちに寄り添い、私たちと共にあること。政治が私たちの手の中に戻ってきて、私たちが政治を作っていくこと。

小川さんは、その全員に約束した。

「私は約束します。選挙区で勝ちます！　必ず勝ちます！」って。

そして、木曜日に行ったインスタライヴのときに言っていた、日本中1億2千万人が、それぞれ一歩（1メートル）ずつ前に踏み出したら、どれぐらいの距離になるか？　実はそれ、地球3周分になるという話を最後にした。

私たちがひとり一歩ずつ前に踏み出したら地球を3周もぐるりとまわれる。ひとりの一歩は小さくても、みんなで歩み出せば、それはとてつもない旅になるという話をした。

ああ、そうだ。私たち、みなで旅に出よう。ひとりひとりの歩みは小さいけど、みなで共に旅に出よう。みんな一緒なら、必ず目的地にたどり着ける。

そのチケットが、明日の投票券だ。あなたが、投票所へ足を運び、投票用紙をもらい、候補者や政党名を書いて、投票箱に入れたら、旅へのチェックインを果たしたことになる。

一緒に旅に出よう。

投票前日、最後のスピーチ

演説場所はその後、小川さんの育った街、高松市の円座町に移った。

育った円座町で最後のスピーチ

もう、すごい人、人、人。埋もれて小川さんが見えない。

……あ、いた。

もみくちゃになりながらも、また、ひとりひとりに挨拶をする。そして、最後のスピーチをした。

何度も、何度も言っていたことは、この選挙期間中、そして最初に立候補したときからずっと同じ、「共に歩んでいきましょう」ということ。さぁ、共に旅へ出よう、ということだった。

10月19日から12日間、私も長い旅をしてきた（まだ続くんだけどね）。この間、いろいろな人に出会ったり、様々なことを考えた。旅はすばらしい。旅は新たな発見をくれる。旅は人生を切り拓く。

だから、みんなで明日、それぞれの投

票所へ行って、一緒に旅に出ましょう。旅は楽しいよ。ほんとだよ。恐れることはないから。旅に出ましょう。

ちなみに投票所へは、郵送されてきた入場券がなくても、何も持たずに手ぶらでも行ける。失くしてしまったり、出かけて遅くなって家に取りに寄れなくても、そのまま最寄りの投票所へ行けば大丈夫。投票へ行こう。

そして記念撮影。イエイー！

10月31日（日）雨のち晴れ

うぉおお勝ったぁぁぁ！　よもやの「ゼロ打ち」

投票日の今日はまず、昼に骨付鶏を食べた。高松のもう一つの名物だというから、みゆきちゃんに声をかけて一緒に行った。美味しかったけど、しょっぱくて「これはお酒のつまみだね。ビール飲んだら美味しいよね」と笑い、その後、ホテルへ戻ってしばし休養。秘書の八代田さんに「今夜はきっと長くかかるから。温かくして来てね」と言われていたので仮眠でもしておくか？と思ったものの、投票率が気になる。香川県の選挙管理委員会が一時間ごとに発表する投票率の推移を見てはツイートなどする。

う〜む。香川1区。注目の選挙区！などとメディアをあげて騒いでいたのに、この数字なのか？　愕然とする。これじゃ、私の住む東京・中野区とほとんど同じだ（最終的には香川1区は57・52％だった。ちなみに中野区は東京10区と7区に分かれているという分かりづらさで、私の住む10区では56・50％。さらに玉木雄一郎さんが当選した香川2区の投票率は58・53％で、注目されていた香川1区より高かったのが、へぇ〜と思うことだ）。

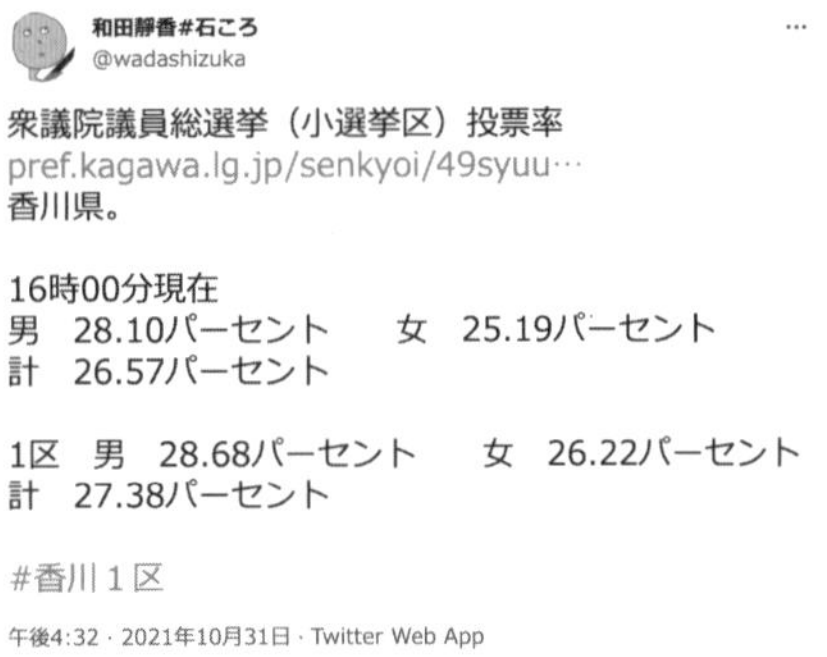

和田静香#石ころ
@wadashizuka
…

衆議院議員総選挙（小選挙区）投票率
pref.kagawa.lg.jp/senkyoi/49syuu…
香川県。

16時00分現在
男　28.10パーセント　　女　25.19パーセント
計　26.57パーセント

1区　男　28.68パーセント　　女　26.22パーセント
計　27.38パーセント

#香川１区

午後4:32 · 2021年10月31日 · Twitter Web App

和田静香#石ころ
@wadashizuka
…

衆議院議員総選挙（小選挙区）投票率
pref.kagawa.lg.jp/senkyoi/49syuu…
#香川１区

17時00分現在

1区　男　30.98パーセント　　女　28.68パーセント
計　29.76パーセント

午後5:48 · 2021年10月31日 · Twitter Web App

なんだか落ち着かずとりあえずツイートなどしていた投票日

　そして7時にホテル近くで待ち合わせて、みゆきちゃんの車で選挙事務所に向かう。途中、なぜか花火が上がっていて「あれは小川祭り？　それとも平井祭り？」などとしょうもないことを言って笑い合い、いささかハイな気持ちで事務所に着いた。と、すごい数の報道陣。カメラがぎっしりと並ぶ。あれ？　私はふと、思い出した。電話かけの合間、小川さんのお父さん、雅弘さんと話していたときに「ＴＶカメラがいっぱい来たら勝ち。出口調査であらかた分かるから、最初から負ける方にはカメラは行かない」という言葉。もしかして？

　とはいえ、分からない。私は津田大介さんの「ポリタスＴＶ」にコメントする約束をしていたので（なのに、ろくなこと言えなかった。選挙では何を伝えるべきか？の答えが私自身分かってない）、津田さんに状況をメッセしたりする。小川さんもやって来て、挨拶

事務所で思わず大喜び

などして、席に座って、みゆきちゃんとしゃべっていると、映画『香川1区』を撮影中の大島監督が来て、私の耳元でささやく。

「どうやらかなり早く出るみたいですよ」

えっ？　どういうこと？　早く？

そして8時。ＴＶの開票速報番組が始まり、同時に！

小川さん、おめでとうございます！　よもやの「ゼロ打ち（と言うやつ）」。8時同時に〝当確〟が出るらしい。事務所に集まった支援者やボランティア・スタッフが一斉に「きゃあああ」という叫びをあげ、飛び上がり、大喜び。

私はこの日記を書くために2週間小

川さんを追い続け、でも、いつも「冷静に、肩入れしすぎないようにバランス大事」と努めようとしてきたけど、その瞬間、「うぉおおおお」と叫んで飛び上がってしまった。本当に良かった。本当に嬉しい。

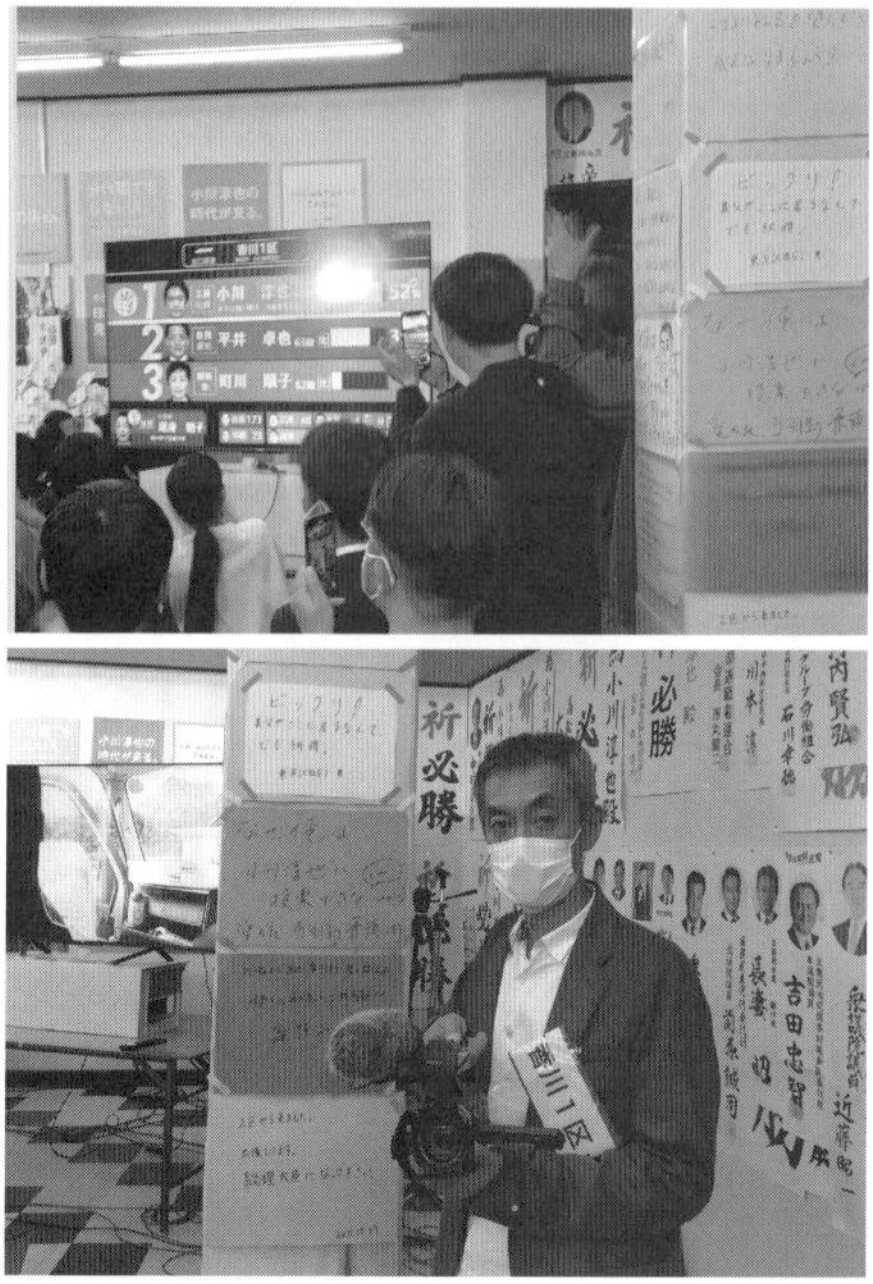

大島新監督をパシャリ

みんなの喜びはしばらく収まらず、TV画面に小川さんが映し出されると、本人がそこにいるのに（笑）、画面に向かって「おおお！」と叫び声をあげた。私も「テレビも小川さんだ」とゲラゲラ笑っていた。なんだかもう、嬉しすぎて笑いがぜんぜん止まらなかった。

こんなにも心から喜ぶ人たちの声を私は久々に聞いた。喜びの声とは、疲れや不安や不満や恐れ、何もかもを吹き飛ばす。とてつもないパワー！

そして、一気にそこから、小川さんはTVの選挙速報番組の主役になった。NHKも冒頭ずっと小川さんのスピーチを流していたし、続々と各TV局のインタビューが行われた。見ていると小川さん、徐々に顔つきが変わってくる。地位は人を作るというけれど（↑相撲界でもよく言われます。どすこいっ）、堂々としている。一瞬にして人は変わるんだなぁと思った。大島監督と、「大スターになっていますね」ってしみじみ言い合った。

そして小川さんのスピーチ。今日がスタートなこと。これから政治を建て直していくというたいへんな道が待っているが、必ず果たしたいという決意を語り、最後にこう話した。

「ひさしぶりの、悲願の選挙区当選です。かねてから民主主義とは、勝った51がいかに残りの49を背負うか、と言ってきました。その意味でご奮闘された対立候補のみなさまにも心からエールを送り、そのみなさまをご支援なさったみなさまにも心より敬意を表し、日本の民主主義をより懐深く、志高く、温かく、思いやりに満ちた、希望を感じるものとするよう、みなさまと一緒に育ませてください」

大きな拍手が湧いた。みんなが聞きたい小川さんの言葉は、こういうものなんだ。

たまには「正義」が勝ってほしい

TVのインタビューの合間、大勢の人がお祝いのスピーチを順番にした。不肖・私もま

たしどろもどろにしゃべった。

直前に思い出した、2020年の7月、初めて小川さんにインタビューしたときに話していた「たまには正義が勝ってほしい」って言葉を引用して「今日、やっと正義が勝ちました」と伝えたりしたんだけど、その小川さんの発言を正確に書くと、こうだ。

「たまには正義が勝ってっていいよね。毎回、正義が勝つ世の中って堅苦しいし、気持ち悪い。利害も損も得も欲も人間にはあるものだし。でも、たまには正義が勝とうよ。そう思うんですよね」

〝自分はなかなか選挙に勝てない〟、その話の中で出てきた言葉だった。

ほんと、たまには正義が勝ってほしい。そう。ずっと願ってきた。でも、それはなかなか叶うことはなく、もう、ほとんどあきらめかけていた。どうせ、お金の力とか、自分たちの欲とか、自分たちさえ良ければとか、そういうことに負けちゃうんだよねって、思わされてきた。ところが土俵際ぎりぎりのところで、今回ようやっと、正義が勝った。

その、勝った「正義」とは何のことか？　それは私たち、私たちの声。私たちの願いだ。小川さんはその代表者。ようやく正義が勝ったんだ。

政治は、この10年で、私たちとは大きく乖離した。私たちは政治に信頼を寄せられないし、政治家を信用できない。政治が何かしてくれることなんて期待できなくて、何もかもが自己責任になってきた。苦しく、息ができないような日々。コロナ禍になり、それは極まり、私たちの我慢は限界を超えた。そして少しずつだけど、それまでうずくまっているばかりだった市民が声をあげ、動き始めた。小川さんの選挙運動それ自体が、声をあげ、動き始めた市民によって支えられてきた。

私たちがどん底から声をあげ、動き出した。そうして、正義が勝った。

なんて嬉しいことだろう。私たちはできる。そして、もっともっと、できる。これから私たちが政治を、主権者として動かしていく。

誇らしく、そして、気が引き締まる。これから私たち、がんばろう。

「和田さんとは気が合うだろうなぁと思ってました」

それから写真を撮ってもらった。小川さんと、秘書の八代田さんと、私。この3人でちょうど1年前の11月10日（日にちもよく覚えている）、本作りは始まった。衆議院第二議員会館に行って、「自分が何が分からないのかも、どこから考えたらいいのかも、まったく分からないんです。自分がどうしたらいいか、どうすべきか、何も分からなくて、だから、ここに来たし、何ということは今、具体的には言えません」と、しゃあしゃあと、いけ図々しく私が言い、そっから小川さんと対話を始めた。

右が秘書の八代田京子さん

そんなすっとこどっこいな私相手のスケジュールを八代田さんはいつも快くおさえてくれ、見守ってくれた。今回の2週間の取材も、ずっと八代田さんに支えてもらってきた。写真を撮る直前、小川さんが私に「シスターフッドやろ?」と言った。「そやでぇ〜」と答えた。私たち、ほんとうに、良かったね。

それにしても、2週間の選挙運動は過酷だ。それを見続けた私もすでにヨレヨレぼろぼろ。そうした選挙のあり方そのものにも疑問を投げかけてきたけれど、それも、これから私たちが変えていけたらいい。

そして、ものすごく嬉しいことがあった。

20日の日記に書いた、四国新聞の記者の方の姿を、帰り際に見つけた。その後も何度もお見かけし、そのたびに勝手に挨拶だけをしてきたんだけど、最後だからと、「何度も話しかけたりしてごめんなさい」と言ってみた。すると思いがけず笑顔で、「いえ。和田さんとはゆっくり話をしたら、きっと気が合うだろうなぁと思ってました。こちらこそ、きちんと話ができずにごめんなさい」と言ってくれた。

なんだかすごく嬉しくて、涙が流れた。今日は涙腺が緩んでいるんだろうか。スピーチをしながらも泣いてしまい、小川さんが「珍しく和田さんが泣いている」とか言っていたけど、そうそう、泣くのは小川さん担当。私は『時給はいつも最低賃金～』を作り始めてから、絶対に泣かないと決めてきた。どんなに大変なときも、何があっても泣かないと決めていた。なのに今日は二度目だ。でも、どちらも心から嬉しい涙だ。

人と人は心が通じ合うことができる。たとえ敵対関係のような立場にあっても。選挙という民主主義が濃縮されたような場にあって、またひとつ民主主義に立ち塞がる壁を乗り越えることができたように思った。甘っちょろい？　いやいや、私は、希望を抱いて、あきらめないで、前へ進んでいきたいんだ。
私にとってすばらしい選挙のエンディングとなったが、この日記は実はもう少し続きます。

オマケ

左の写真。小川さんがあまりにドヤってるので、使えずにいた。自転車での街宣に出かけるところ。嬉しくてたまらん風。ずっと一緒にやってきた仲間たちと走るのは、まるで高校生のころの野球部の気分なのだろうか。若いのぉ～。

11月1日（月）晴れ

「時給はいつも最低賃金」じゃなくなったけれど

31日までの予定の選挙日記。ここからは延長期間。しかし、選挙は終わっても終わらないのである……。

前の晩、八代田さんたちと別れ際に「明日も来るで。片付けせんとな」などと豪語したのだが、あれやこれやで事務所に着いたのは午後1時を過ぎてから。「あれやこれや」のメインが、香川のもう一つの名物らしい「あんこ入りの餅で作る雑煮」を食べるということだったのは、内緒だ。いや、だって、ねえ。食べないと。しかし、スマホ忘れて写真を撮れなかったという大失態。さすがに疲れている。

事務所に着くと、前日までの選挙色がすでに大方消えていた。片付けがどんどん済んで、壁に貼られていた様々もぜんぶはがされ、小川さんがガラスの壁に描いた「犬と狐の両方」という謎のイキモノの絵も消されていた。

小川さん作「犬と狐の両方」

そして、最後に残っていた看板みたいのをバリバリっとはがしたので、せっかくだから持って、写真に収めてもらった。いいのかな、こんなことして。

誰もやらないのなら私がやることにした

そのうち小川さんが来たが、昨日の夜の熱狂！　大スター！　みたいなのはすっかり消えていつもどおり。ボランティアの人たちもみなさん「あ、おつかれさんですぅ」ぐらいで、なんてことはない。だから、つかまえて、聞いてみた。

「選挙期間中って、毎日、何を考えているんですか？」

何を思ってるのか、気になっていたことだ。すると、

「何も考えてない。ただ目の前にいる人のことだけ見て、その人と言葉を交わすことだけ考えてる」

って。へぇ、そうなのか。「疲れないんですか？」と言うと「気力だけ！」って。さらに、

「私はさすがに疲れて、今日は寝坊しました。ヘトヘトです。小川さんはどうですか？」

そう言うと、

「オレなんか、夜中の2時ぐらいまでインタビュー受けてて、今朝は8時から栗林公園とこで挨拶してた」

と言い放ち、そのまま外でお茶を飲んでるボランティアグループの方に行ってしまった。うむ。まだまだ選挙ハイは続いてる模様だ。ずっと勝てなかった小選挙区で2万票差で勝利した翌日。横綱が優勝した翌朝のインタビューって、こんな感じなのかしら？と想像した（ああ、白鵬！）。

こんなことしてOK……？

そしてあまりに疲れているので、いったんホテルに戻り、それから近くのライヴハウスで行われたプチ鹿島さん、ダースレイダーさん、大島新さんのトークイベントを見に行った。見に行っただけのはずが、スタッフの方に「トークに加わってくれませんか？」と言われ、「あ、いいですよ」と気安く受けて話した。大したことは言えないけど。話す、ということがいつのまにか私の仕事になった2

週間だった。私は、なんでも引き受けることにしたんだから。引き受けることは面倒だし、責任を負うけど、誰かがその面倒なことをやらなきゃいけないなら、私がやることにした。私がやるのは、市井の立場から政治に意見し、参加するってことだ。

しかし、考えたら、政治を担う政治家のこと、私たちはすぐに「あんなこと絶対にやりたくない。よくやるわよねー」とか平気で言い放つけど、誰もやりたくなくて、やらなかったら、政治は行われなくなる。そりゃ世襲の坊ちゃん嬢ちゃんを評価したくはあまりないが、面倒を引き受けるってことを考えてみるって大事だと気づいた。

とはいえ、大島さんに「和田さんのいいところは、すぐサボるところです」と舞台上で言われて、あら、ほんと、そうよね、むふふ、と思う。選挙期間中、私はけっこうサボっていたよねぇ〜。

ここに来て「正義」とは何か分からなくなった

そして帰り際、お客さんの男性から本をもらった。ご自身が出版された本。私なんかがもらうんじゃなくて、ダースさんや鹿島さんにお渡しになれば?と言ったら、「いや、和田さんにもらってもらえたら嬉しいです」と言う。ええっ？　そして「弱者のことを言ってくれて嬉しい。自分もそうだから」と言う（言葉が少し違うかもだけど。うろ覚えでごめんなさい）。

そうか。でも、私は今、弱者について何か言える立場なのか？と思ってしまった。小川さんに言われた「和田さんはもう今までの和田さんとは違う所に立っている」という言葉。とても実感する。私が今、当事者として弱者を語ることはウソになる。そりゃ相変わらず家賃4万5千円で友達の家を借りているし、1300円の床屋で髪の毛を切り、近所の古着屋で、私と同じ体型のお金持ちの女性が着て、飽きた服を喜んで毎回買っている。生活は変わっていない。でも、それは私が好きでおくっている生活で、以前のように最低賃金で働いて、お金がないからそうしてるのじゃない。そんな当事者でもない私がエラソーに弱者について語り、その立場にある人から共感を受けて本をもらってもいいのだろうか？よく分からなくなった。

ホテルに戻ってコンビニのおにぎりを食べながらツイッターを見ていたら、昨日の夜に私が言って、書いた「正義」についてツイートが来ていた。

「小川淳也が正義なのかよ？」

いや、違う。小川淳也が正義だとは言ってない。政権与党にあって、新聞社やテレビ局という強大なメディアをバックに持つ、世襲議員というとても大きな力に、これといって何も持たない議員が市民の応援の力で勝った、その市民の力を正義と呼びたかった。

「映画や本。小川淳也にも強大な力がついてるだろう？」

そういう人の意見も聞いた。でもそれ、別に頼まれて作ったわけじゃない。私も、大島さんも、中原一歩さんも。市民の側が勝手にやったことだ。

市民の側が結集して、頑張って応援して勝ったから、正義が勝ったと書いたけど、でも、負けた側の平井さんを応援する市民にだって、そちらの正義があるのは当然。ふむ。そりゃそうだ。自分の正義だと思うものを正義だと言い切っていいのか悪いのか？　とはいえ、選挙という場で、誰かを応援して、応援する人を正義だと思っちゃいけないのか？　思ってなきゃ、応援できないんじゃないか？　そもそも、正義を定義できるひとはいるのか？

分からない。分からなくなった。もう寝る。

11月2日（火）快晴

選挙、うどん、また選挙!?

今夜7時過ぎの便で東京に帰る。しかし、その前に朝から、この選挙旅最大のイベントが待っていた！　ジャンジャンジャ〜〜〜ンッ！

小川さんが30日に街頭演説を行った瓦町駅前で、朝9時に待ち合わせだ。駅に着いたら、すでに車が止まっていた。

「おはようさん」

そう、今日は、よく分からないまま小川さんを18年推し続けているHさんとの、かねてから懸案のさぬきうどん食い倒れツアー、ついに開催！　途中、小川さんの秘書、八代田さんも加わり、車は3人でぐんぐん進む。

どこをどう走っているのか私はぜんぜん分からないのだが、まず到着したのは住宅街に突然あるお店「がもう」。

値段表を見ると、うどん1玉150円。2玉250円。3玉350円。天ぷら一つ

さぬきうどん食い倒れツアー1発目は、がもうさん！

１００円。あげ１００円。温泉たまご１００円。油揚げじゃなくて、あげ、なんだな。

　おやじさんが、うどんを釜でごんごんゆでていて、美味しいに決まってる。小川事務所で顔なHさんは、ここでも顔で、おやじさんとすっかり顔見知り。「今日はお客さんを連れて来た」とか、楽しげに話し、写真も撮らせてもらう。パチリ。

ね、この釜見るだけで、ここのうどんは美味しいにちがいない！と思うよね。

　ゆであがったばかりのうどんを受け取ると（１玉にしました）、横に並んでる天ぷらなどに手が伸びそうになるが、Hさんに「まだまだ違う店行くから、ここは止めといたがいい」と言われ、おあげさんだけにする。きつねうどんだ。おあげさんを乗せ、自分で汁を注ぎ、ネギを乗せ、完成。美味しそうに食べるHさんは大を注文した。

　次々お客さんが入ってきて、食べ終わって外に出たら行列。香川の人は本当に朝からうどん、なのだと思い知る。朝8時半から始まり、午後2時ぐらいには閉店。うどんとは、朝から昼にかけて食べる食べ物なんだという。

そして、次の店へ。うどんを食べて、すぐまた別のうどんを食べるのか？と言ってたら、「瀬戸大橋を見せてあげますよ」とHさん。わあい、観光だ、観光だ。初めて香川に来たというのにこんぴらさんにも行かず、ひたすら街宣街宣で、直島でもかぼちゃのオブジェさえ遠くから眺めただけで、街宣車しか見てなかった。それで瀬戸大橋を見たが、あら、意外と橋のまわり（四国側）は工業地帯なんですね？　なんかこう、瀬戸内海、島、風わたる……というような情緒はなく、「輸送に便利です！」な実務的な橋なんだと思い知る。生活を支える橋だ。

この湯気は絶対美味しいに決まってる

そして2軒目に向かう。Hさんいわく、「ひっくり返る店だ」という。何がひっくり返るの？　「見れば分かる」。ふむ。楽しみ。車中、Hさんの人生の様々を聞く。おしゃべり大好きなHさん、今日は聞き手として私と八代田さんの2人がいるから、そりゃもう饒舌。若いころからの仕事の話や、おつれあいとのイタリア旅行。「あの国は大阪と香川を併せたようなとこだね。とにかくまずは麺（パスタ）が出てくる」とか。でも、やっぱり小川さん大好きのHさんだから、小川さん話がい

うどん大好きHさん

ちばん熱い。

「いちばん最初に立候補したときから信用できたよね。だから手伝いに行った。小川さんはいつも、街宣から戻ってきて必ず全員にひとりひとり挨拶にまわるでしょう？　あれは普通やらないよ。しかも18年前からずっとそこは変わらない」

確かにそうだ。小川さんが日中、唯一事務所に戻って来るお昼ごはんタイム。必ずボランティア全員、ひとりひとりに頭を下げて挨拶している。

「じゅんじゅん会（小川さんを応援するボランティアの会）はお父さんの力も大きいよね。ああして、誰が来ても、みんなと話してるでしょう？　あれで誰もが入りやすくなるでしょう」

ああ、分かる分かる。映画『なぜ君』でも存在感を放っていたお父さんの雅弘さん。ときどき口が過ぎることもあるのだが（ときどきってか、多々……笑）誰が来ても即座にウエルカムする。私とは会った瞬間に、20年前から知ってるみたいに迎え入れてくれた。そして、じゅんじゅん会あっての小川さんだ。ずっと長く、最初から支え続ける市民の会。

週に一回、みんなで集まるのが「すごい楽しみ」っていう女性もいたし、電話かけの極意を最初に私に教えてくれた元証券マンのSさんは、実は少し前に心臓の手術をしたばかり。「だから今回は思うようには手伝えなかった。でも、とにかく淳也さんのためにがんばりたい」という。そのためには「たとえ命が……」とまで言い、誠実なお人柄のSさんの言葉に私は絶句した。小川さんには政治家として、この人たちの思いを裏切ることなんてあってはならないと、声を大にしてお願いしたい。そして、じゅんじゅん会のありようこそ、民主主義の理想だ。私たちは政治家と共に歩み、政治家を育てなければ。

そうこうしてる間に2軒目へ。

ひっくり返る店？　たしかに。パッと見どこが店の入り口かも分からず、入っても、ずっと外だ。店内ってのは存在しない。外に立ったまま注文し、外で食べる。いちおうテーブルや椅子はあり、そこで食べる。ひっくり返るっちゃぁ、ひっくり返る。そして、

「ここに来たら。アベックを食べなきゃ」

とHさんが言うので、アベックを注文する。そば&うどん。1玉ずつ両方ゆでただけ。そばは、いわゆる田舎そばで、もっちりしてる。そばの形をしたうどんのよう。でも、食感が違うので、これ、おいしいですわ。特製のしょうゆをかけるだけなのに、ああ、わかる。クセになる感じ。また食べたくなる。ここ、ナイス。アベックにこそ、ひっくり返った！「池内」ってお店だと、麺を入れる箱に書いてあったので、分かった。

（上）アベック　（下）ジャガイモとうどん

そして、じゃあ、帰りましょうか〜って言ってたはずが、3軒目も行くことに。えっ？　これで私、4玉目なんですけど？　一気にそんなにうどんを食べること、我が人生で初めてであり。

なのに、Hさんお勧めの「ジャガイモの青のりまぶし天ぷら」も頼んでしまい、食す。どこまでも食べる私。

おいしゅうございました。

「山越うどん」。ここは観光客も多くて、「釜玉うどん」発祥の地らしい。

そして小川事務所に行くと、うどんツアー3軒も巡りながら、まだ12時すぎだった。なんということでしょう。さらに立憲民主党の枝野幸男さんが党の代表を辞任し、小川さんが代表選に名乗りを上げることがニュースになっていた。なんということでしょう、アゲイン！　いきなり、また、怒涛な展開だ。選挙が終わったばかりなのに、また選挙なのか？

事務所に来た小川さんはしかし、いつもどおりにボランティアさんにお礼を言い、お辞儀をしていた。「朝日新聞デジタル」に小川さんのニュースが載っていたから、「これこれ」って言って本人に見せるというシュールな体験もした。それから時間になって私は荷物を持ち、タクシーに乗り、空港へ行って、待ち時間にアイスを食べ、飛行機に乗り、羽田に着いたら「もう一歩も歩けないかもしれない」と思い、人生最高の贅沢！ タクシーに乗り、2週間ぶりに家に帰った。旅は家へ帰るまでが旅。ああ、良かった。無事に帰ってこれた。

ずんずん店に入っていくHさんと
八代田さん

まとめ

相撲ライター、投票日直前に候補者に物申す！

候補者と対話できる選挙なんて初めてだった

家に帰ってから少しして、改めて選挙期間の香川1区を振り返ってみる。

すると思い浮かぶのは、スーパーマーケットだ。小川さんの街宣／街頭演説は主にスーパーマーケットの軒先や駐車場の側で行われていた。各日の冒頭に載せた選挙日程表をご覧いただくと分かるように「マルナカ」とか「ハローズ」といった、地元スーパーの名前が並ぶ。ショッピングモールの「ゆめタウン」とか「オリーブタウン」なんかもある。こういう演説では終わると帰りにスーパーに寄ってお買い物してウッハー楽しい♪というオマケ付きで、スーパー大好きな私としてはすごく良かった。何せ東京のスーパーのように狭くなくて通路も広々、ショッピングカートも余裕で通れるし、お洋服やハンカチ小物なんかとお菓子とかが平気で隣り合ってる意外性あるレイアウトとか、見たことがないローカル商品、地元のお土産／名産品が並んでいたりで、実はちょっと前までビジネス系サイトでスーパーやコンビニについて書いたりしていた私としては、いやもう、勉強なるわ〜、みたいな。

一方、対立候補であった平井卓也さんの街宣／街頭演説の予定表を、24日（日曜日）の夕方に瓦町駅前での街頭演説に行ったときにもらったビラで見ると、ふむふむ、ほとんどが屋内の個人演説会だ。コミュニティセンターや公民館、大きなホールだったりで、「あら、ちょっと寄って話を聞いてみようかしら？」ということが難しい。支持団体や支持者層が明確だからこそできる、囲い込み的な手法。昔ながらの昭和型？なんて言ったら失礼なのか。ツイッターで見ていたら、企業の人たちが集まりました！という感じの黒づくめスーツ姿の男性がズラズラっと並んでエイエイオーしている写真がアップされていた。平井さんの選挙には、スーパーマーケットでの街頭演説というのは一つも見当たらない。

となれば、さしずめスーパーVS個人演説会か。VSにする必要あるのかないのか分からないけど、選挙のやり方がまったく違う方向だったように思う。小川さんも屋内での個人演説会は小豆島に行ったとき一度だけ行った。あとはコロナの影響も意識したのだろうか、演説会というスタイルのものは高松中央公園（屋外）が一回きり。

ただ、小豆島での個人演説会がとても素晴らしかったので、島からの帰りのフェリーの中で「これはもう少し増やした方がいいんじゃないですか？」と小川さんに図々しく言ってみた（ほら、誰もが選挙対策本部長になるのが選挙期間マジックだから）。

答えは「今から増やそうと思えばできるんだけどねぇ……ごにょごにょ」って風。支援者たちを集めての屋内個人演説会にはあまり乗り気ではなかったように見えた。とはいえ、「今日の演説は40分。同じ内容でも回を重ねていくと言葉が濃縮され、最終的には20分ぐらいになると思う」とか言うので、それは聞いてみたいとしつこく言ってみたけど、屋内クローズドでの個人演説会というスタイルのものはその後行われなかった。

そうした個人演説会というスタイルより小川さんが重視していたのはスーパーでの街頭演説で、それは「青空対話集会」と名付けられていた。自らが演説した後、集まった人たちの意見や感想、とにかく言いたいことを尋ねる。

とはいえ、最初は難しかったように見えた。演説が終わってから「じゃあ」と、意見を求めて挙手するよう促しても、シーンと静まり、手を挙げる人はまったくいない。いても、ひとりぐらい。こういうことを言っては失礼だが、そういうときに手を挙げる人は自説を延々申し述べたい方だったりもした（だからって邪けんにされたりはしていなかった）。

でも、それが徐々に変わっていった。良かったのは、そういう青空対話集会がＳＮＳを担当するボランティアチームによって、ツイッターやインスタでライヴ中継されたことだと思う。それらはオンタイムで見なくても、後から見ることもできた（今も一部できる）。それで、どういうことがどういうスタイルで行われているかが広く発信され、徐々に対話集会という形が広まり、定着し、意見を言うことが当たり前になっていった。
街宣車の前で、板をしいた箱の上に立つ小川さんに、お年寄りから子どもまでもが意見を言った。ほんと、多様な人たちが声をあげていたのが、びっくり。内容も様々。年金の問題から、自分の人生の困難さ、教育問題。その場ですぐ解決策が具体的に提示されることはあったり、難しかったり。でも、候補者に自分の窮状を訴え、意見を言い、候補者がその言葉を労い、当選したら国会へ持っていく――これこそが「選挙」の理想的なありよう、民主主義なんだと思った。ちなみに小川さんだもん、その労いに涙が加わること度々だ。

小川さんは何度も、自分の政策を語ることよりも、みなさんの声を聞くことが大事だ、と言っていた。本当にそうだと思った。選挙の本来の意義はそこにあるんだと、私も心から思った。でもって、そんな大事なことを、これまで長い人生で何度も「選挙」を体験し、選挙期間の街頭演説にも遭遇したことがあるにもかかわらず、一度も体験したことがなかったことに今さらながらビックリする。いつも、いつも、一方的に候補者の話を聞くばかりで、対話する選挙なんて、初めてだった。そうか、選挙にあるべく民主主義と、私は初めて出くわしたんだ!

そういう選挙運動のあり方というのは、今回の衆院選で躍進した維新が見せるものとちょうど真逆にあるんじゃないかな?と思う。メディア（テレビ）を使って露出過多し、強引な物言いで、多少それが間違っていてもグイグイ押し、強いリーダー像みたいなものを作る——それはそれで手法としては上手いのだろうし、実際に支持者も増えた。けど、支持する人たちは物言うリーダーというメディアが分かりやすく見せる虚像に、自らはあまり考えることはせず、引っ張ってもらうことを願い、すがっているように思える。

そういう強いリーダーに引っ張ってもらいたい！みたいな政治のあり方、家父長制的な政治は、もう、イヤだなぁ。カリスマ的なリーダーとかに盲信して付いていきたくない（カリスマ性あるとは思わないけど）。この人の言うことは絶対に正しい、すばらしいなんて思い込みたくない。私は私だ。私の考えがある。私は今、私の考えを持てるようになった。

これからの政治は、オレについてこい！みたいな昭和なものじゃなく、共感しながらも時に反発もし、一緒に考え、共に歩む政治であってほしい。みんなで意見を言い合い、作っていく。作家の星野智幸さんがそういう政治を「共感型の民主主義」と名付けてくれたが、そうであってほしいと、この選挙期間を通じて改めて思った。

小川さんは私との対話の中で、「一緒に悩んで、たったひとつの正解じゃない解にリスクを背負って、決断して、歩みを始めよう、というのがやりたいことです」と話していたのを思い出す。私との対話はそのひな形みたいなもので、日本に住むみんなとそれがやりたいと話していた。それをこの選挙で本当にやっていた。

香川1区の選挙。いちばん大事なことは、そのことだったんじゃないか？と私は思っている。この形が日本中のあらゆる選挙に広がり、みなが考える、意見を言うことがあたりまえになったら、日本は大きく変わっていくことができるんじゃないか？　そういう希望を抱くことが出来た。

「匿名のタスキ」をめぐってふたたびガチンコ政治問答！

ところで。私と小川さんの間でも、短い間だったけど、対話があった。いや、対話というより、騒動かな？　とても大切なことだし、小川さんからも「書けばいい」と言われたので、書かせてください。

発端はフェミニストの作家アルテイシアさんから、小川さん一家（妻の明子さん、娘の友菜さん、晴菜さん）が選挙期間中に付けている「タスキ」について、ツイッターのDMをもらったことからだ。それは、

「『妻です』『娘です』タスキが一部の女性から批判されています。『個人名』ではなく、男性（小川さん）を中心とした『役割』で女性を呼ぶことは、家父長制の香りがしますし、時代遅れかな～と感じます」

という指摘だった。

アルテイシアさんは数々のフェミニズムに関する著作などがあり、『モヤる言葉、ヤバイ人』（大和書房）は、私の大好きな一冊。「あなたが1人で、トイレで泣く日が来ないように」と本の帯にあるように、愛情にあふれ、そしてユーモアにあふれた文章で、女性にかけられた呪いの言葉を解いていく。大好きな作家さんだ。

彼女からツイッターには同様の指摘が多くありますよと教えられて見ると、本当にたくさんあった。と同時に、フェミニストであると自覚する私自身、タスキの言葉に前からモヤっていたのも事実だ。

モヤっていたけどうまく言葉にできないでいたのを、アルテイシアさんに言葉にしてもらった。このまま批判を放置しておいていいのだろうか？　知らん顔をして、女性たちを置き去りにしていいのか？

ごめんなさい、悩んだのは5秒。私にはそれにイエスの選択はなかった。女性たちを置き去りにしていいわけがない。今が大事な選挙期間中、みんなが必死だ、大変だということは、そのときは頭になかった。その、「頭になかった」ことは反省する。私は思いやりに欠いていたと思う。

それで、小川さんに言うよりも、これを付けているご当人である妻の小川明子さんに言った方が早いんじゃないか？と思って、明子さんにメールしてみた。

以下そのメール（抜粋）です。

フェミニストの女性たちが明子さん、長女の友菜さん、次女の晴菜さんが付けている

妻です

娘です

というタスキに違和感を示しています。

「個人名」ではなく、男性を中心とした「役割」で女性を呼ぶことは、家父長制の香りがしますと指摘されています。

実は私もそう感じています。

ツイッターにはもっと過激な言葉もあり

「いたいたしい」

「ぞっとする」

「小川淳也はなにさまだ」

指摘してくださった方は小川さんを応援しているから、

という方もいます。

「フェミニストはほぼ全員野党支持者だから、取り逃すともったいないです」とあり、

「小川さんに『今の自分はこれがジェンダー平等と矛盾する、と気づけないんだな』と

気づいてもらえると嬉しい！」
と、おっしゃっています。
途中で変えるって難しいし
納得できないことも多いとは思いますが、
考えていただけたら、すごくうれしいです。
女性票が伸びるきっかけになるとも思います。
一票でも多く獲得するために
女性を動かすこと、だいじだと思うのですが
いかがでしょうか？
私の一意見です。
同時にフェミニストの女性たちの意見でもあります。
どうぞよろしくお考えくださいませ。

和田静香

このメールを送るとすぐに、「ありがとうございます。小川と相談します」と返信がきて、ああ、考えてくれるんだなと思って安心していた。

ら、そこから事務所中が上を下への大騒ぎになってしまったらしい。

ここからは又聞きなので詳細不明なのだけど、事務所側もそうしたツイートについて把握していたものの、どうしたらいいだろう?と考えているところだったらしい。そこへ私が直接に明子さんへメールしたことで一気に「即決しなくてはいけないこと」になった。実は選挙もちょうど折り返し地点だった。大忙しさここに極まれり、な瞬間。そこへ私がドーンと大きなボールを放り投げてガラガラガッシャーン!みたいな。

すぐに事務所内で話し合いがもたれ、タスキは中止となった。明子さんたちは名札をつけて対応する、ということだけは聞いた。ああ、そうなんだ、よかったよかったと思った。

そして翌日、街頭演説で明子さんに会うと、いつもニコニコ最高級の笑顔で迎えてくれるのが、微妙な表情だ。あれ? 駆け寄って言った。「明子さん、不躾なメールを送って失礼しました」って。明子さんは「いえいえ、とんでもないです」と笑顔を見せてくれたけど、それから意外なことを言われた。

「あのタスキは私も喜んでしているわけではないんです。でも、私たち家族、なにより自分の決意の表われなんです。覚悟を示しているものです。だから、それを取れと言われると、私にはとてもつらいんです」

そしてタスキを付けていることで、各街宣場所ですぐに見つけてもらえ、声をかけてもらえる。小川淳也の家族であることを分かりやすく示し、家族みんなが応援している選挙であることを表しているという。

「でも、この名札じゃ、目立たないでしょう？」と、胸元につけた、名前の入った小さな名札を触ってため息をついた。

そうなのか。私からしたら、もう、この場に立ち続けていることが小川明子さんの決意であり覚悟であると十分すぎるほどに伝わるけれど、もっと、はっきりした形が必要なのか。そして家族として有権者から声をかけてもらうこと、それに応えること、私が想像していた何百倍も大切なことだったようだ。この地域の選挙のあり方、まだまだ十分に私はよく分かっていなかったかもしれない。

やっぱり私、余計なことを言ってしまったのか？ でも。でも。多くの女性たちが、あのタスキに違和感を抱き、そのことが小川さん自身の評価さえ下げている。選挙は香川での問題だけど、小川さんは国会議員であってきたし、またそれを目指している。私たち主権者の代表になる人だ。どうしたらいいのか。何が正解なんだろう？

謝ることもできず、何とも言えず、私はそのまま明子さんのもとを離れてしまった。

モヤモヤして、そのモヤモヤを小川さんにＬＩＮＥで送った。返事はすぐに来て、名札に変えたこと、でも、応援してくれているおじいちゃんやおばあちゃんはどう思うだろうか？というような内容だった。私はモヤモヤしたままさらに翌日となり、小泉今日子さんとのインスタライヴの夜になった。

少し早めに収録をする事務所に着くと、街宣を終えた小川さんが来た。最初にインスタライヴについて打ち合わせをし、そして小川さんから切り出された。

「タスキの件だけど……」

小川さんは私の方を向いて、厳しい顔つきで話し始める。

「和田さんからのメールをもらって、明子さんはすごく当惑して、そして泣いたんだよ。あれは自分の決意と覚悟の表われだと言って」

泣いたのか。そのことは知らなかったが、「それは聞きました、昨日、明子さんから。泣いたのは知りませんでしたが」と答えた。

「僕たち家族にはそれぞれの思いがあり、積み重ねて来た歴史がある。この地域での選挙のあり方もある」

そう、それは分かる。

「こういう場合こそが他者の合理性ではないのだろうか？　そういう考え方はしてもらえないだろうか？」

他者の合理性——それは私と小川さんの対話の中で、安倍政権に不満を抱き、安倍元首相を思いきりディスっていた私に、小川さんから「それは違うんじゃないですか？」と言われ、どうしたら安倍さん個人を恨まずにおられるかについて悩んだとき、必要とした考え方だ。「人にはそれぞれ人生の有り様や生き方に理由や動機があり、それが他人からは不都合な行為に見えたとしても、当事者にとってはそれなりの確かな合理性や理由がある」ということを「理解することはできなくても認める」、というものだ。

確かにそう言われたらそうだ。でも、それはこの件においては小川さんに認めるものではなく、対・明子さんに他者の合理性を認めることはできるのだと思う。だから小川さんに、「そうかもしれないけれど、そうではないとも言える」と、のらりくらり答えた。

すると小川さんは明らかに怒った顔をする。

でも私は言い放つ。

「タスキを見て不快感を抱く人が大勢いるのも事実ですからっ」

けんか腰ってこういうのを言うんだよね？　私の悪いクセだ。すぐに、そうなる。

「それをもし、じゅんじゅん会（小川さんの地元後援会）のみなさんに言われたのなら、すぐに納得するかもしれない。でも、遠くにいる、インターネットだけ見ている人たちから言われても、なかなかすぐに理解はし難い」

小川さんの声もどんどん怒気をはらむ。ここ国会ですか？と言いたくなるような、鋭い声。

そりゃ選挙中だもん。ずっと長く支援してくれているじゅんじゅん会の方々に言われたら、同じことだって、きっとすぐに「分かった」と言うであろうと想像がつく。

とはいえ、小川さんは国会議員だ。国の代表者だ。

「でも、小川さんは国会議員ですよね？　もしかしたらさらにその上を目指しているかもしれない。この選挙で立憲民主党はジェンダー平等を大きな政策課題にもしています。それならば、そのインターネットの向こうにいる女性たちの気持ちだって、とても大事なものじゃないですか？」

　背筋を伸ばし、私こそ、国会の質疑みたいな口調できっぱり堂々言うと、小川さんは「女性を傷つけたいわけじゃない」と言って、少し、間が空いた。

　後から気づいたんだけど、このとき半径5メートル、私たちの周りには誰も近づいてこなかった。インスタライヴ用にスタッフが大勢来て、さっきまで目の前でワイワイしていたはずなのに……いつの間にか、みんな向こうの方に固まってシーンとしている。ありゃ。さぞやビックリしていたんだろう。いきなり、言い合いを始める立候補者とライター。すみません。

「じゃ、タスキを止めればいいのですか？　あれをしてないと、なかなかすぐに明子さんのことを見つけてもらえない。和田さんはこっちに来て、見て、分かるだろうけど、ここにはここの選挙のやり方がある。独自の地域性がある。名札じゃ相手に見えなくて、明子さんはその度にいちいち名乗り続けなきゃならない」

　小川さんは少し落ち着いた風に、地域性のことを再度私に説明する。それは私自身、一晩またじっくり考えていた。考えて、そして理解したつもりだ。

小豆島とか、あちこちで見てきた街宣の光景を思い出す。東京にいて、映画『なぜ君』を見たときには「家族で選挙を頑張っています！と、ことさら見せるってどうしてなんだろう？」って正直思っていたけれど、実際に自分の目で見た光景から、ああ、そういうことかと分かったように思う。香川県はとても保守的な地域だ。そうした家族の見え方がとても好まれる。望まれる。だから、そうする。それがいいとか悪いとか、やるべきかやらない方がいいとか、きっと山のように悩んで18年、話し合ったりあれこれいろいろあっただろう。そこは、私にはとうてい想像も及ばない。ただ間違いなく、小川さん一家には、そうすると決め、そうしてきた、相当な決意と覚悟がある。

　それは、私が香川に来なければ分からなかった。この地域の特性を肌で感じなければ、話にならない。簡単に見えて、そうそう簡単な問題ではない。たかがタスキ一本、とは言えない。

　それで、「タスキを止めろと言ってるわけじゃないんです」と、言った。そう、決してタスキそのものが悪いわけじゃない。

「じゃ、どうすればいいと思う？　名前を書けばいいのか？」と、小川さん。

あれ？　国会議員が私に聞いている？

ああ、でも、そうだ。それだ、それ。それがいい。それならいいんだ。

「そうだと思います。それなら問題ない。『妻です』は小川さんという男性に対して匿名の女性という存在に見えてしまうのだから、『小川明子』にすれば、問題ないと思います。大事なのはタスキそのものではなく、そこに名が書かれなかった、その匿名性ですから」

小川さんは「じゃ、そうするから。明日は間に合わなくても、明後日の最終日はそれでやります」と言った。

それでもう時間となって、インスタライヴとなった。始まってすぐ小川さんが「今日は仲良くやりましょうね」みたいなことを言ってるが、それにはこういう理由があった。ほんと、もうね、5分前までムォ〜、ゴォ〜、ドォ〜、みたいな。

翌日、小川明子さんに事務所で会ったけれど、そのときはお昼を食べていて、周りに大勢いたし、そういう話にはならず、その後も何度か会ったけれど、結局その話はしないまま東京に帰ってきてしまった。選挙で大変で身も心もクタクタなときに、私が突然メールし、当惑させ、もしかしなくても尊厳を傷つけたこと、本当にごめんなさい。そしてもう一度ちゃんと話せばよかったと思っていること、ここに書いておきたい。

でも、この話ができたことは、結果的には良かったんじゃないか？と思っている。だって、「50歳、男性の、国会議員」がジェンダーの問題を「我が事」としてこんな風に怒るほど真剣に考えるという経験、しかも、それが選挙中で、主権者に言われてって。めったにあることじゃないし、とっても大事だったんじゃないか？と勝手ながら思うからだ。

選挙が民主主義や政治、社会を学び、実践する場であるなら、候補者だってそうであってほしい。果たして小川さんがこのことを、女性の側に立ってどこまで理解してくれているのか私には分からない。でも、数日間に渡って真剣に考え、短い時間だったけど対話したことは事実だ。そして小川さんほどの人なら、そこから何かしら考え、プラスにしていると信じたい。

そしてこれは、ジェンダーの問題でありながら同時に、選挙が抱える良くも悪くもある地域性の問題や、選挙運動そのものについて、深く考えることに、私としてはなった。選挙はどうあるべきか?をまたよくよく考えたのだ。家族総出で朝から晩まで頭を下げなくても済む選挙にするにはどうしたらいいのか? それは、結局は、主権者たる私たち側の問題だ。私たちが日ごろから政治に参加していかないと、どうにもならない。たった2週間ぐらいの選挙期間ですべてを知るとか、そんなこと、どだい無理なんだから。

最終日、明子さん、友菜さん、晴菜さんがかけていたタスキには、それぞれ名前が入っていた。「小川明子」とフルネームにしてしまうと公職選挙法に違反するとかで(なんだ、この法律、ほんと、意味が分からない)、姓はなくて名、だけになった。でも、もう、匿名の女性ではなく、名前のある女性になった。そう変えられたこと、本当に良かった。明子さんや晴菜さん、友菜さんが匿名の存在であっていいわけがない。それぞれに、自らの意志でそこに立ち続けている。一個人として、名前が示されて当然なんだ。あとから聞いたことだが、家族で話し合い、タスキに名前を入れると、それぞれひとりひとりが考えて決めたそうだ。

そして、小川さんは選択的夫婦別姓制度には、賛成だと以前に言っていた。タスキのことは、それにつながるはずだ。アルテイシアさんは「今の自分はこれがジェンダー平等と矛盾する、と気づけないんだな、ということに気づいて欲しい」とDMに書いてくれたが、改めて胸に刻んでもらえたら、本当に嬉しい。「もう分かりましたよ!」と思うかもしれないけれど、もう一度お願いする。私はしつこいのです。

そして、今回の衆院選でジェンダー問題は争点にならなかったと言われているが、いやいや、香川1区ではけっこうな争点でしたよ~と言いたい。争点どうのこうのって、争点にするのは私たちであり、争点にしたいかどうか考えるのも私たちで、メディアがはしゃいでああだこうだ言うことなんかじゃないからっ! ピシャリっ。

そんなわけで、この衆議院選挙香川1区。総括すれば、やはりどっちにしろ「対話」が重要だったと私は思っている。『時給はいつも最低賃金~』のための対話を始めたのは2020年11月10日だった。それからちょうど1年。机を離れて路上に出て、選挙を追いかけながら、私はまた対話を学んだ。そこに民主主義の姿を見た。足を使い、汗して学んだものは、もしかして1年かけたものに負けないぐらい濃いかもしれない。たった2週間でも。

おわりに　どうせなら選挙は祭りがいい

選挙って楽しかったなぁ、お祭りみたいだったよなぁと、帰ってきてからしみじみ思っている。毎日いろんな人に会い、話し、ワイワイガヤガヤした。街中やスーパー前での演説はお祭りのメイン会場での特設ライヴみたいで、そこではカメラのシャッターが押され、ビデオが回り、質問タイムはさながら熱いコール&レスポンス。私たちは瞳を輝かせて興奮した。私自身、何度もトークやらに登場したせいもあって、界隈では顔がすっかり知られてしまい、おかげさまでしかし、あちこちで「本にサインしてください」とお願いしてもらった。なんて光栄でありがたいことだろう。こんな体験は二度とないと思う。選挙という祭りを、すっかり堪能した。

帰ってくる前の晩に飛び入り参加したプチ鹿島さん、ダースレイダーさん、大島新さんのトークイベント「香川1区ナンデス」で、ダースさんが「選挙をお祭りにした人が勝つ」と言ったの、ものすごく印象に残っている。さらに帰ってきてから読んだ畠山理仁さんの『コロナ時代の選挙漫遊記』（集英社）には、「選挙は民主主義のお祭りだ」とあった。

ほんと、選挙はお祭りなのだ。そしてお祭りにした人が勝つ。

そういう意味では小川さんが挑んだ今回の衆議院選挙は本当にお祭りだった。毎日ワクワクして、時にハラハラもした。私はドキドキすることもあったりしたのは既に書いたとおりだけど、それもこれもすべて非日常的な、まさに、祭りだったと思う。

こーいうことを言っていると眉間にシワ寄せた人が「不謹慎だ」とか言ってきたりするんだけど、私は言いたい。「じゃあ、どうやったら投票率上げられるんですか？　どうやったら政治に関心持ってもらえるんですか？」って。

２０１３年6月、参議院選挙を前にして私は、「選挙ステッカー」という活動を始めた。その前にあった東京都議選の投票率があまりに低くてビックリして、それまで実は選挙のことなんて真面目に考えたことなどなかったんだけど、東日本大震災〜原発事故を経て、なんとかしなきゃいけないんじゃないか？と社会に少し目を向けて、唐突に始めた。

そのときも私は「選挙だってなんだって、とにかく楽しくなっきゃ、明るくなっきゃダメじゃないのか？」と思っていた。思ってちょっと頑張ったけど、やっぱりなかなか投票率を上げるまでには至らず、ヘタれて、今はほとんど友達任せになってるのは、最初にもチラッと書いた（友達が@senkyostickerというアカウントを継続してくれている）。

人は楽しいものへと流れていく。あたりまえだ。だから選挙だって楽しくなきゃいけない。もっともっと楽しくしていかなきゃいけない。

この選挙日記も書いているうちにみんながワイワイと楽しんでくれて、やった～！と心から思った。そうそう、そういう風にしてもらいたかったんだと後から自分でも気づいた。選挙だ政治だというと、急にかたっくるしくなるのは違うと思う。

私は相撲のことを書き始めたとき、大相撲の伝統が～っと言ってくる「伝統が～っ族」にさんざん叩かれた。伝統という枠に私を入れ込もうとするので、うるせぇ～な～と思っていた。政治も同じだ。永田町とかいう固い何か木枠みたいなものを持ってきて、私たちをそこに無理やりはめようとする。でも、それは違う。そんな木枠は叩き壊していい。私たちは何にも縛られなくていい。私たちは、私たち自身を大切にしていい。私たちのあたりまえの感覚で、あたりまえに政治に触れ、参加し、語ればいい。政治は私たちの生活そのものなのだから、当然だ。

そして、選挙は祭りがいい。祭りだ祭りだと言ってると、ほら、今、頭の中に北島さぶちゃんが歌い出したでしょう？　そうそう、それそれ。そんな感じ。選挙祭り。これからもっと祭りを盛り上げていこう。その主役は私たちだ。好きに踊ろう。今や盆踊りの新定番はボン・ジョヴィの「リヴィン・オン・ア・プレイヤー」だ。何もかも変わる。変えるのは私たちだ。

ちなみに日記の初日に書いた吉田はるみさんはご存知のように、見事に当選を果たした。本当に良かった！　最初よそよそしかった高松の街は、すぐに馴染んだし、狭いビジネスホテルの部屋にも私は意外と馴染んだ。食べ物の写真を最初のころは勇んで撮っていたが、これはすぐに飽きた。撮るより食べたいからだ。帰る前の晩に悩んだ「正義」のことは、今も答えは分からない。これはまた小川さんと対話したいテーマかもしれない。そして、選挙の日記を本にするという驚きは、高松空港へ向かうタクシーに乗ってるときに、いきなり左右社の小柳社長から電話で言われた。「疲れすぎてて何も考えられない」と答えたけど、やっぱり作ってしまった。ライターだもん。

日記を書くにあたって、毎日遅い時間や朝早くから私に付き合ってくれた筒井菜央さん、本当にありがとうございました。30日の「夜23時59分59秒までにアップする」という、ギリギリ時間争いはドキドキしましたよね。

そして神山樹乃さんが書籍化に奔走してくれました。立原亜矢子さんと青柳諒子さん、小柳学さん、左右社のみなさまには今回もまたお世話になりました。

八代田京子さん始め、小川事務所のみなさま、小川明子さん、友菜さん、晴菜さん、ボランティア・スタッフのみなさま、高岡洋詞さん、松田行正さん、杉本聖士さん、みゆきちゃん、中原一歩さん、小泉今日子さん、浜田真理子さん、映画『香川1区』製作スタッフのみなさま、ありがとうございました。そして最後は、小川淳也さん。一歩一歩みんなで歩んで、民主主義を共に築いていきましょう。ありがとうございます。

２０２１年初冬

和田靜香

追記　「立憲民主党代表選挙」――閉ざされていた扉が開いた

高松最後の日に、立憲民主党の代表だった枝野幸男さんが代表辞任を発表してから2週間とちょっと、11月19日から30日まで代表選挙が行われた。ご存知のように小川さんが立候補し、他に西村ちなみさん、泉健太さん、逢坂誠二さんが名を連ねた。

10日間の選挙期間中には党の企画やネット／TV番組などで候補者4人による、様々なテーマでの討論会が行われ、じっくりと政策や政治信条などが語られた。すばらしかったのは回を重ねるごとに4人それぞれが互いに影響し合い、結果、政策が練られ、深まり、また、互いをリスペクトし合う言葉が交わされ、私たちも一緒に政策を考え、4人を知る機会を持てたこと。

日ごろの国政選挙では討論会ってほとんど開かれない。テレビ番組などでチョロッと1〜2回あればいい方だけど、討論会って本当に大事だ！　次の国政選挙からは1回でも多くの党首討論会などを願う。それこそ、政治を私たちに近づけ、考えさせ、政治家自身を育てるものだ。

また、小川さんは高松でも行っていた「青空対話集会」を有楽町駅前（イトシア前）で連日に渡って開いた。最初のうちは集まる人もそう多くなく、質問の手を挙げる人もまばらだった。でも、次第に対話の輪が広がって、民主主義が成長していくのをまざまざと見た。

何よりすばらしかったのは、手を挙げて質問するのが小川さんを応援する人ばかりでなかったこと！　どちらかというと「小川さんはこう言うけど」と、疑問を呈して尋ね、怒りや不満をストレートにぶつけていた。意見の異なる人たちが集い、対話したのは、その場にいた全員にとって民主主義を学ぶ体験になったと思う。

『時給はいつも最低賃金〜』にも引用した宇野重規さんの言葉「少数の特権者だけではなく、伝統的なしがらみから解放された多数の市民の政治参加が広く制度化されることによって、民主主義ははじめて可能になります」（『民主主義とは何か』講談社現代新書）という大切なことが、まさに、まさに、そこで実現していた。わずか10日という短い間でそうした対話が広がり、私たち、政治を担っていけるじゃん！と、自分たちを頼もしく思えた。

選挙の結果は、ご存知のように泉健太さんが新代表になった。その結果云々よりも立候補した4人の間で、そして小川さんと主権者である私たちの間で対話が行われ、みんなが成長した。対話が主役となった選挙。対話の重要性が光った選挙——もしかしたら、日本の政治で長く閉ざされていた扉が少し開いたのかもしれない。

和田静香（わだ・しずか）

相撲・音楽ライター。1965年、千葉県生まれ。最新作は『時給はいつも最低賃金、これって私のせいですか？　国会議員に聞いてみた。』（左右社）。その他の著書に『世界のおすもうさん』『コロナ禍の東京を駆ける――緊急事態宣言下の困窮者支援日記』（ともに共著、岩波書店）など。女性の政治参画について調べていきたい。

小川淳也（おがわ・じゅんや）

現・立憲民主党の衆議院議員（6期／2021年12月現在）。1971年、香川県生まれ。東京大学法学部卒。1994年自治省に入省し、2003年に民主党より衆議院議員選挙に初挑戦するも惜敗。2005年に初当選。2021年11月、立憲民主党の代表選を経て政務調査会長に就任。対話する政治を全国津々浦々に広げていきたい。

ゲストプロフィール

中原一歩（なかはら・いっぽ）

ノンフィクション作家。1977年、佐賀県生まれ。著書に『本当に君は総理大臣になれないのか』(講談社現代新書)、『奇跡の災害ボランティア「石巻モデル」』(朝日新書)、『「㐂寿司」のすべて。』(プレジデント社)など。. 食から政治、芸能まで幅広いテーマで執筆。

小泉今日子（こいずみ・きょうこ）

歌手、俳優、制作会社「株式会社明後日」代表。1966年、神奈川県生まれ。執筆家としても活躍。著書に、『小泉放談』（宝島社）、『黄色いマンション 黒い猫』(スイッチ・パブリッシング)、『小泉今日子書評集』（中央公論新社）、『小雨日記』（角川マーケティング）など。

選挙活動、ビラ配りからやってみた。「香川1区」密着日記

2021年 12月 27日 第一刷発行
2022年 2月 10日 第二刷発行

著者 和田静香
取材協力 小川淳也

発行者 小柳学
発行所 株式会社左右社
東京都渋谷区千駄ヶ谷 3-55-12 ヴィラパルテノン B1
TEL 03-5786-6030
FAX 03-5786-6032
info@sayusha.com
http://www.sayusha.com

装幀 松田行正＋杉本聖士（イラスト＝カバー、帯）
表紙絵・本文写真 和田静香（表紙絵は香川県の自然と特産品）
対談・鼎談構成 高岡洋詞
印刷所 創栄図書印刷株式会社

本書は、左右社note連載「和田静香の選挙日記@香川1区」（2021年10月18日～10月31日）の記事に、加筆修正を行ったものです。

ISBN 978-4-86528-061-6

対話は続く。いつでも、どこでも。

本
人
平・誠実・実直に
川淳也
小川淳也
演説会
皆様のお声を
お聞かせくだ